现代教育信息化理论与创新研究

董淑惠◎著

北京工业大学出版社

图书在版编目（CIP）数据

现代教育信息化理论与创新研究 / 董淑惠著 . — 北京 ：
北京工业大学出版社，2021.5（2022.10 重印）
　　ISBN 978-7-5639-7997-4

　　Ⅰ．①现… Ⅱ．①董… Ⅲ．①教育工作－信息化－研
究 Ⅳ．① G43

中国版本图书馆 CIP 数据核字（2021）第 111779 号

现代教育信息化理论与创新研究
XIANDAI JIAOYU XINXIHUA LILUN YU CHUANGXIN YANJIU

著　　者：董淑惠
责任编辑：张　贤
封面设计：知更壹点
出版发行：北京工业大学出版社
　　　　　（北京市朝阳区平乐园 100 号　邮编：100124）
　　　　　010-67391722（传真）　bgdcbs@sina.com
经销单位：全国各地新华书店
承印单位：三河市元兴印务有限公司
开　　本：710 毫米 ×1000 毫米　1/16
印　　张：12.25
字　　数：245 千字
版　　次：2021 年 5 月第 1 版
印　　次：2022 年 10 月第 2 次印刷
标准书号：ISBN 978-7-5639-7997-4
定　　价：58.00 元

前　言

　　教育信息化是我国教育基础设施建设的重要组成部分，是信息化社会的重要内容，也是中国教育面向未来、科学发展的必经之路。因此，对我国的教育信息化理论进行研究与创新，是加强国家教育信息化建设、推动教育事业发展的重要内容，对国家经济的发展、社会与科技的进步、建设中国特色社会主义道路具有十分重要的启示。

　　全书共七章。第一章为绪论，主要阐述了教育信息化的内涵、教育信息化的特征、教育信息化对教育的影响、国内外教育信息化的历史沿革等内容；第二章为现代教育信息化的理论基础，主要阐述了现代学习理论、教育传播理论、视听教育理论、系统科学理论等内容；第三章为现代教育信息化的技术基础，主要阐述了多媒体技术、计算机网络技术、虚拟现实技术等内容；第四章为现代教育信息技术与课程整合，主要内容包括现代教育信息技术与课程整合概述、现代教育信息技术与课程要素的整合、现代教育信息技术与课程整合的形态等；第五章为云计算环境下的教育信息资源建设，主要阐述了教育信息资源的类型、教育信息资源的建设、教育信息资源的共建机制、教育信息资源价值评价模型等内容；第六章为面向教育信息化的教师专业发展，主要阐述了教师应具备的信息素养、教师信息技术应用能力、教师信息技术素养的培养等内容；第七章为现代教育信息化的发展趋势和战略，主要阐述了现代教育信息化的发展趋势和现代教育信息化的发展战略等内容。

　　为了确保研究内容的丰富性和多样性，笔者在写作过程中参考了大量理论与研究文献，在此向涉及的专家学者表示衷心的感谢。

　　最后，限于笔者水平，本书难免存在一些不足，在此恳请同行专家和读者朋友批评指正！

目　　录

第一章 绪 论

随着信息技术的不断发展，教育信息化的进程逐渐加快，这无疑对教育的发展起到了促进作用，同时也促使教学中的许多实际问题得到了解决，推动了学习方式和教育形式的变革，进而深刻影响了传统的教育观念、教学方法、师生角色以及教学材料等。本章分为教育信息化的内涵、教育信息化的特征、教育信息化对教育的影响、国内外教育信息化的历史沿革四部分，主要内容包括教育信息化的概念和基本内涵、教育信息化各方面的特征、国内外教育信息化的发展与探索过程等方面。

第一节 教育信息化的内涵

一、教育信息化的概念

"教育信息化"这个概念并不算新鲜，早在20世纪90年代就流行于我国教育界，然而国外很少使用这个概念，如美国使用的是"教育技术"，有的国家还使用"信息与通信技术在教育中的应用"来表达和"教育信息化"相类似的含义。目前我国学界也没有统一界定"教育信息化"的概念。从一些学术论文和学位论文的研究来看，教育信息化的概念主要有以下几种。

祝智庭认为，所谓的教育信息化，"指在教育过程中比较全面地运用以计算机多媒体和网络通信为基础的现代化信息技术，促进教育系统的全面改革，使之适应于正在到来的信息化社会对于教育发展的新要求"。教育信息化的结果必然是形成一种全新的教育形态——"信息化教育"。

黎加厚认为，"教育信息化是将信息作为教育系统的一种基本构成要素，并在教育的各个领域广泛地利用信息技术，促进教育现代化的过程"。

何克抗认为，教育信息化是"信息与信息技术在教育、教学领域和教育、教学部门的普遍应用与推广"，并强调"教育信息化不单指信息技术这一个方面在教育、教学中的应用与推广，还包括信息在当中的应用和推广"。

还有研究者认为，将信息技术引入教育中，其本质就不能仅围绕技术展开，而应该围绕信息技术条件下人的身心发展和培养人的教育活动展开，并指出："教育信息化是在数字虚拟世界中有意识地以影响人的身心发展为直接目标的社会活动。"

随着研究的深入，研究者不单单从技术的角度理解教育信息化的概念，而逐渐转向了个体、观念、组织管理和制度方面，并且发展到了系统的组织和机构层面。

教育信息化是针对教育教学过程中对信息的获取、传递、加工、再生和利用而言的，其以信息的网络为基础，信息资源是核心，而信息资源和信息技术的广泛应用是目的。当然，信息化作为一个社会过程，必然也要受制于人们的观念、理想、意志、技能以及团体利益、社会组织架构等。因此，教育信息化应有与之相应的保障体系和保障机制。

综合以上观点可以认为，教育信息化是"将信息与信息技术作为教育系统的一种基本构成要素，并在教育的各个领域广泛地利用信息与信息技术促进教育的全方位变革与教育现代化的系统工程"。

二、教育信息化的基本内涵

教育信息化的内涵十分丰富，可以有多种理解，主要可以从以下三个方面解读。

第一，教育信息化是以现代信息化教育技术为主要推动力的。使用生产工具的水平是社会生产力发展水平的重要标志。教育发展的历史同样如此。教育工具的创新总会引发教育各个方面的巨大进步和深刻变革。现代信息技术广泛应用于教育使教育工具进入信息时代。技术上的突飞猛进使得教育的时间和空间得到极大拓展，使教育水平、方法、理念、体系、思想以及内涵等方面都发生巨大变革，使教育规模和教学效率得到全方位提升。

第二，教育信息化的最主要目的是全面提升学生的信息素养，以培养创新型人才。信息素养就是指学生能够认识到何时需要信息、何处检索信息、如何评估和有效地利用信息的综合能力。国外的实践证明，信息素养是终身学习的基础，加强学生的信息素养培养对于更好地实现终身教育具有重大意义。教育信息化将为全面提高学生的信息素养奠定基础，使教育打破传统的时空限制，突破学校的围墙，超越国界、区域的藩篱，为创建与信息社会和知识经济相适应的新型教育形态、构建国际化终身教育体系奠定基础。

第三，教育信息化是实现教育现代化的一个渐进的复杂过程。任何技术的发明以及知识的应用和发展都是一个由浅入深、由简单到复杂的动态过程。教育信息化也必将随着信息技术的进一步发展和应用而不断深化，也将随着人们对其认识的深入和接受程度的提高而不断向前推进，其最重要的目标是建立与信息技术相适应的新型教育形态，实现教育的现代化。教育现代化是一个有着丰富内容和深刻内涵的历史范畴，是整个社会现代化的一个重要有机组成部分。

综上所述，从教育与技术进步、经济和社会发展的密切关系来看，教育信息化其实就是指以现代信息技术为动力，以培养创新型人才为目的，以实现教育现代化为目标，全面推进教育领域的创新和发展，使之成为与信息社会相适应的新型教育形态的一个动态过程。

明确教育信息化的概念、全面把握教育信息化的五大要素（网络、资源、应用、产业、人才）共同为教育信息化建设奠定了理论基础。但是开展教育信息化建设必须进一步明确教育信息化的基本内涵，力求使教育信息化建设步入科学规划、全面发展的良性轨道。

张光慧认为，教育信息化建设的内涵一般包括三个大的方面：一是教育信息化环境建设，二是教育信息化资源建设，三是教育信息化组织建设。

教育信息化环境建设主要包括校园网、网络中心、多媒体教室、网络教室、电子阅览室、计算机终端等基础设施，硬件和办公自动化系统，教学管理自动化系统，财务、人事、档案、电话、一卡通等应用软件系统的建设。

教育信息化资源建设主要包括多媒体素材（包括文字、图片、图形、动画、音频、视频）、多媒体课件、电子教案、教学案例、题库、电子文献（包括图书、期刊、报纸）、网络课程以及电子文档的积累和建设。

教育信息化组织建设主要包括组织机构建设、管理队伍建设、技术队伍建设、教师队伍建设和教育信息化制度建设。

其中，环境建设是基础和前提，资源建设是核心和灵魂，组织建设是保障。

这种概括是从教育信息化外延的角度对其进行分析的。在纵深的角度，范以纲认为，教育信息化的内涵可以从以下四个维度进行理解。

（一）从教育发展维度看

现代化教育旨在建立适应现代社会经济和科技发展需要，以培养创新人才为目标的新型教育体系，并在这个以人为本的教育体系中，让每个学生都受到充分的教育，得到充分的发展，潜能得以开发，人格不断完善。显而易见，信息化是教育现代化的前提和必由之路。而现代教育学、心理学与信息科技的综合和相互渗透无疑将成为教育信息化的强大动力。

（二）从信息技术维度看

由于通信技术和计算机网络技术不断突破，信息技术不仅成为人类拓展能力的创造性工具，而且极大地拓展了教育的时空界限，提高了人们工作和学习的效率和能动性。先进的技术极大地扩展了教育的广度和深度，使教育资源充分共享成为可能，学习的选择性和公平性大大提高。信息交互手段的使用使教育日益成为个体化的学习过程，因需学习、因材施教的教育原则真正得到贯彻。由此可见，信息化为教育理念的实现提供了技术保障。随着知识信息的生产、传播和应用日新月异地高速发展，远程教育、终身教育、学习化社会已成为教育信息化发展的方向。

（三）从人才培养维度看

进入21世纪，教育的外部和内部环境都发生了深刻的变化。科学技术革命，社会技术化和信息化的发展；市场经济全面构建，全球经济一体化；信息技术渗透到每一个角落，知识更新和知识激增速度的加快；文化、思想、道德的发展和交流等。这些势必对学生的培养产生影响。因此，在逐步迈向信息化社会的今天，不断地获取新知，主动迅速地获取、筛选信息，准确地鉴别信息的真伪，创造性地加工和处理信息的能力，已成为现代人越来越重要的基本素质。不难看出，学生的信息素养已成为科学素养的重要基础，教育信息化不仅符合时代的要求，也加快了教育现代化的进程。

（四）从行政维度看

教育信息化不再是一句动员的口号，而是21世纪中国利用后发优势、实现教育跨越式发展的行动纲领。信息化作为一个庞大的系统工程，其高科技、高投入、高风险的基本特征使各级政府和各个学校的校长在操作时不得不慎之又慎。从国情出发，根据社会经济发展需要，突出重点，统一规划，统一组织，已成为教育信息化建设的基本策略。

第二节 教育信息化的特征

一、概念界定的特征

概念是人对事物本质的思维规定，而定义是人们对概念的语言表达，"概念"与"定义"是两个完全不同的概念，在对事物进行讨论时，概念必须趋同，定义可以存异。人们对教育信息化的定义有着各种不同的表述，但是在概念描述上基本是一致的，这说明虽然对教育信息化的语言表达不同，但是在对教育信息化的理解上，人们处于相同的语境之中。

（一）政策文件

国家公布的对"教育信息化"具有明确指示和规定的政策文件主要有《国家中长期教育改革和发展规划纲要（2010—2020年）》（2010年7月发布）、《教育信息化十年发展规划（2011—2020年）》（2012年3月发布）、《教育信息化2.0行动计划》（2018年4月发布）和《中国教育现代化2035》（2019年2月发布）。但是，这些文件中都没有给教育信息化一个确切的定义。

《国家中长期教育改革和发展规划纲要（2010—2020年）》的第十九章"加快教育信息化进程"部分规定："信息技术对教育发展具有革命性影响，必须予以高度重视。"《教育信息化十年发展规划（2011—2020年）》的序言部分提出："教育信息化充分发挥现代信息技术优势，注重信息技术与教育的全面深度融合。"《教育信息化2.0行动计划》的第一部分中指出："教育信息化2.0行动计划是充分激发信息技术革命性影响的关键举措。"《中国教育现代化2035》的"加快信息化时代教育变革"部分指出：要"推动信息技术在教学、管理、学习、评价等方面的应用，全面提升教育信息化水平和师生信息素养，推动教育组织形式和管理模式的变革创新，以教育信息化带动教育现代化"。可见，这些政策文件都将教育信息化定位于教育教学的信息技术化。

（二）权威论述

有学者在中国知网上以"教育信息化"为关键词进行搜索，选取了下载数量最多同时也是引用率最高的两篇权威文章，其作者都是我国教育信息化的领军人物。这两篇权威文章，一篇是华东师范大学的祝智庭教授于2001年在《中国电化教育》杂志上发表的《教育信息化：教育技术的新高地》（至2020年12月31日，该文下载量为5219次，被引量为793次）；另一篇是北京师范大学的何克抗教授于2011年在《中国电化教育》杂志上发表的《我国教育信息化理论研究新进展》（至2020年12月31日，该文下载量为19346次，被引量为718次）。

在《教育信息化：教育技术的新高地》一文中，祝智庭在"关于教育信息化的概念"部分写道："笔者认为IT in education语义范围与教育信息化相近。"而IT in education在该文中被作者译为"教育中的信息技术"。

在《我国教育信息化理论研究新进展》一文中，何克抗在"关于教育信息化内涵的界定"部分对教育信息化做了内涵定义：如此，就可以把"教育"和"信息化"所组成的复合名词"教育信息化"的含义顺理成章地理解为"信息与信息技术在教育、教学领域和教育、教学部门的普遍应用与推广"。这正是"教育信息化"这一术语比较全面而准确的基本内涵。

在这两篇权威文章的论述中，对教育信息化有一个共同的认定，即教育信息化是让信息技术在教育中起作用，或者说，教育信息化是教育的信息技术化。

（三）文献统计

有学者于2020年12月31日在中国知网上输入"教育信息化"进行全文搜索，搜索到的文献数量共计124 109篇；以"教育信息化&信息技术"进行全文搜索，搜索到的文献数量为72 200篇，约占搜索到的全部文献总数的58.17%；以"教育信息化&信息科学"进行全文搜索，搜索到的文献数量为2 856篇，约占搜索到的全部文献总数的2.30%。显然，人们对教育信息化的认识基本上倾向于教育的信息技术化，而对教育信息化中教育的信息科学化问题则不太认可或不够重视。

从上述情况可以看出，我国学者对教育信息化概念的界定具有非常好的一致性，人们公认教育信息化就是教育教学的信息技术化。

二、教育层面的特征

教育信息化的教育层面特征主要有以下几点。

（一）数字化

数字化是指教学手段、教学内容和教学方法更多地采用数字化的方法和内容，更多地利用计算机媒介协助教学的各个方面。信息时代又被称为数字化时代，电子计算机的发明彻底改造了生活的方方面面，各种传统信息传递方式以及传统信息载体已经越来越多地被数字化信息方式和数字化资源所替代，这在教育领域表现得愈发明显。数字化使得教育信息技术系统变得设备简单、性能可靠和标准统一，这些都为构建学习型社会奠定了良好的基础。数字化的电子教科书、参考书、图书馆数字化资源和教育数据库等的广泛应用，使教育的内容日益丰富多彩，使用效益得到惊人的提高。

（二）网络化

网络化是指传统的面对面教学模式越来越多地被网络教学模式所替代，信息资源可共享，活动时空极少受到限制。信息网络是21世纪发展最为迅猛的信息技术，也是对教育领域改变和影响最大的信息技术。网络化具体是指传统的面对面教学模式被网络教学、虚拟教学所替代，完全突破了时间和空间的限制，最大限度地调动一切可以利用的资源为教育服务。教育空间网络化的发展使全球通信在一瞬间完成，极大地拓展了教育的时间和空间，"多媒体大学""虚拟大学"得以迅速发展。

（三）智能化

教育技术智能化是指为实现教育的功能和目标所采用的技能、手段和工具已经越来越发达，甚至接近人工智能。现代信息技术广泛应用于教育领域，工具的智能化能极大推进教育效率和效果的双重优化，是加速信息化、提高其智能化水平的直接动力。教育领域智能化使得各种先进系统帮助人们实现教学行为人性化、人机通信自然化、繁杂任务代理化等。

（四）共享化

共享化是指随着信息技术的发展，各种技术和资源在教育领域被越来越多地、越来越容易地分享、共享。充分利用已建成的各种通信基础设施，如各种局域信息网络，特别是因特网。全世界的教育资源已经连成了一个信息海洋，供广大教育者和学习者随时随地共享使用。这打破了过去教育资源的封闭和垄断局面，使全球教育资源的共享化程度大大提高，从而大大推动了全球教育资源质量和利用效率的提高，并且缩小了国家和地区间教育发展的差距。

（五）自动化

管理自动化就是利用计算机管理教学过程。目前已经投入利用的包括计算机化测试与评分、学习问题诊断、学习任务分配等功能。自动化管理系统可以为学生建立电子学档，其中包含学生的身份信息、活动记录、评价信息、电子作品等，可以支持教学评价的改革，实现面向学习过程的评价。

（六）虚拟化

教育环境虚拟化意味着教学活动可以在很大程度上脱离物理空间及时间的限制，这其实是网络化教育的重要特征。目前已经涌现出一系列虚拟化的教育环境，包括虚拟教室、虚拟实验室、虚拟校园、虚拟学习社区、虚拟图书馆等。虚拟教育可分为校内模式和校外模式。校内模式是利用局域网开展网上教育，校外模式是利用广域网，特别是因特网进行远程教育。

（七）多媒体化

多媒体化是指传统的教学手段日益被丰富多彩的、多重感官共同刺激的新式教学手段所替代。教学的各个环节都越来越多媒体化，更多地利用超媒体技术，使教学内容更加动态化、形象化。越来越多的教材和工具书已经实现多媒体化，它们不但包含文字和图形，还能呈现声音、动画、录像，甚至是模拟的三维立体景象。

三、技术层面的特征

教育信息化技术层面的特征主要有以下几点。

（一）交互性

交互性能实现人—机之间的双向沟通和人—人之间的远距离交互学习，促进教师与学生、学生与学生、学生与其他人之间的多向交流。交互式教学软件的开发和应用强调师生之间思想、情感和文化的交流，学生的独立思考和创造性学习得到鼓励和有力的技术支持，教学由单向灌输改为多向交流，师生间建立起更加民主、平等的关系。

（二）协作性

协作性为教育者提供了更多的人与人、人与电脑协作完成任务的机会。通过相互协作的方式进行教学和学习活动也是当前教育发展的一个重要方向。

信息技术在支持协作学习方面可以起到重要作用，通过计算机进行合作（譬如在网上进行合作学习）是其主要形式。

（三）自主性

教育信息化使学生学习日益具有自主性。由于以学生为主体的教育思想日益得到认同，教育信息化使得学生学习的自主性、独立性以及个性大大增强。这些个性体现在通过计算机和网络，学生可以自主地选择教材和教师，自己安排课程和课时。譬如，利用人工智能技术构建的智能教师系统能够根据学生的不同个性特点和需求进行教学和提供帮助。至此，学生才真正成为教学的中心，教育培养创新型人才的目标得到更好的支持，学生将更具有自主性、创造性。

（四）多样性

教育服务对象的多样性表现为允许和包容各种形式的教育，如学校教育、在职培训教育、社区教育及自学教育等。关键是教育服务对象不再局限于在校学生，这就为形成终身学习、终身教育的学习型社会提供了技术支持、网络平台和信息基础。教育信息化的进程以及教育服务对象多样性的发展过程，也就是教育全民化的历史进程。多样性既依赖于信息技术、教育思想观念乃至整个社会的发展进步，又对教育和社会的进步形成巨大的推动力。

（五）开放性和共享性

现代信息技术的引进打破了以学校教育为中心的教育局面，使得教育更具开放性。教育信息化的重要手段是基于网络平台的，而计算机网络是当今最为开放的面向教育对象的系统，这主要体现在内容开放、结构开放、功能开放几个方面。

共享性使得大量丰富的教育资源和各种先进的教学手段能为全体学习者所共享，而且取之不尽。从信息社会的本质来看，共享性就是信息化的本质特征和最终目的。

第三节 教育信息化对教育的影响

一、师生角色的变化

现代化教育充分利用现代信息技术所提供的、具有全新沟通机制与丰富资源的学习环境，实现一种全新的学习方式，这种学习方式将改变传统教学中教师的作用和师生之间的关系。教师应在教学实践中调整好自己的角色，积极主动地构建符合时代特征的新型师生关系。

（一）互动方式方面

在传统的教学中，由于片面强调知识的传承性，这些知识往往被人为地凝固，因而缺少前瞻性和发展性；而以掌握知识为目的的学习也往往具有封闭性和保守性。我国历来有"师道尊严""尊师重道"的优良传统，教师被视为"德高"与"业精"的统一者，他们一般"闻道在先"且"术业有专攻"。这更加重了教育者的"权威幻觉"，形成了以教师为主的"我说你听"单向活动的师生关系模式。

随着多媒体和网络技术应用于学校教育，教师已不再是知识的唯一来源、"讲坛上的圣人"以及"先觉先知"之师和信息权威的垄断者，四通八达的网络为学生提供了获取知识的广阔途径。21世纪的文盲将不再仅被定义为知识的匮乏，而且还包括有没有具备获取知识的能力及提出、分析、解决问题的能力。因此，教师应摒弃以"权威"的身份凌驾于学生之上的思想，充分重视学生主体地位的凸显，以学生为中心，利用当代先进的技术，使自己成为学生知识学习的促进者、能力发展的引导者、知识掌握以及知识体系构建的协助者。正如《学会生存》中指出的那样："教师的职责现在已经越来越少地传递知识，而越来越多地激励思考；除了他的正式职能以外，他将越来越成为一位顾问，一位交换意见的参加者，一位帮助发现矛盾论点而不是拿出现成真理的人。他必须集中更多的时间和精力去从事那些有效果的和有创造性的活动，实现互相影响、讨论、激励、了解、鼓舞。"

（二）管理模式方面

在传统的教育教学管理中，教师一般被视为教育教学的代言人，行使着"至高无上"的"权力"，崇尚"严师出高徒"的教条，往往会忽视学生的独立性和差异性，千篇一律地要求学生，以同一标准衡量学生，导致学生只能唯师是从、唯师是真、俯首帖耳。这是一种主从式或"君臣式"的关系。

信息时代，网络技术的大力推广打破了仅以教学为纽带的师生交往模式，大大拓宽了交往渠道，突破了时空的限制。教育是师生与信息的接触、与文化的接触，是一种人与文化、人与人的双向建构的活动。因此，教师应抓住教育信息化的有利条件，充分利用自己高尚的道德情操、渊博的专业知识、高超的教学技艺和优良的人格魅力，建立以情感为纽带的教学管理模式，急学生之所急，想学生之所想，实现师生双方真诚的心智交流、情感交流。

（三）交往方式方面

终身学习是信息时代的生活方式之一。因此，学习对于生活已不再仅仅是一个先行准备阶段，而是生活的一部分。大量网络技术的普及和应用为人们搭建起了终身教育、终身学习的桥梁。同时，信息时代也为学生提供了更丰富多彩的学习和生活方式，学生坐在电脑桌前便可浏览并获取各种各样的信息，与各种各样的人进行交流。对于人生观、世界观、价值观还未完全定型的学生来说，如能正确地使用网络资源，无疑会对他们的成长起到积极的促进作用；但如果利用不当，则如一片泥潭，学生深陷进去就很难自拔。因此，教师的职责不能仅限于课堂上的传道、授业、解惑，对学生的关怀应超越课堂，延伸至学生的课外生活。

信息时代的一个重要特征就是普遍交流与合作，沟通能力和合作能力是现代人才必备的素质之一。因此，以教师为主导的交往模式应转变为师生平等对话、相互影响、相互交融、相互促进。"因为只有强化了这种交流，才能使教师的学问造诣和人格魅力对学生起到言传身教、潜移默化的作用"，才能"造就未来社会上生气勃勃、全面发展的建设者"。所以教师可以利用网络、通信手段，定期与学生沟通、交流，设身处地、多维度地倾听学生的感受与认识，消除因距离而产生的敬畏和疏远感，给予学生终极关怀。教师既要做学生的良师，又要做学生的益友。

二、教育观念的变化

教育观念是"指按一定时代的政治、经济、文化发展的要求，反映一定社会群体的意愿，对教育功能、教育对象、人才培养模式、教育体制、教育结构、教育内容、教育过程及方法等根本问题的认识和看法"。

信息时代教育观念的变革来自新时代人才素养需求的重构。信息时代对人才素质结构的偏向提出了新的要求，这种要求集中体现在与信息技术相关的知识、能力、情感和态度方面。

研究报告《21世纪的竞争》认为，信息时代需要10个方面的技能：传播技能、革新与创新能力、团队协作与组织能力、信息管理能力、信息技术素养、视觉素养、问题解决能力、决策能力、知识开发与管理能力和经营才智。正是基于此，树立全面发展、全体发展、个性发展和可持续发展的素质教育理念再一次被提上议程，教育必须把每个学生都看成有独立人格的个体，要为每个学生的主体性发展创设条件，使每个学生在原有基础上都得到充分发展。

与此同时，教育评价观念也有了新的突破。传统的教育质量测评观念局限于书本知识，强调认知技能，忽视对情感、人格品质的熏陶，倚重量化且评价主体单一，评价重心过于关注结果。现代化教育更多是以促进学习者发展为宗旨，评价学生在学习过程中的主动性、个体性和创造性、元认知和反思能力、独立思考能力、分析判断能力、信息能力和发展新知识的能力等，更加复杂多元。

三、教学方法的变化

将信息技术应用于教育领域，教学方法必然得以更新。如今，课件制作室、电子阅览室、数字投影多媒体教室、多媒体语音实验室、多媒体网络教室等教学设备的投入使用，为教学方法的更新提供了基础。充分发挥信息技术优势、提高课堂教学效率和质量已成为当务之急。随着计算机的逐渐普及以及互联网的全面覆盖，网络技术逐步进入教学领域，给传统的教学带来了新的途径和方法。在网络课堂教学中，教师利用多媒体技术手段教学，学生以计算机为主要学习工具，从中获取信息并与教师和全班同学共同探讨。

（一）推行计算机辅助教学

计算机辅助教学（Computer Assisted Instruction，CAI）是一种学习者直接与电子计算机对话的教学方式。计算机辅助教学利用计算机做媒介，帮助、替代教师发布、传递和处理教学信息，达到学生自主学习的目的。在此过程中，学生和计算机构成了相互作用的连环。在CAI系统中，教师的职责是根据教学大纲编写教学程序，制作和选用多媒体课件，并事先将教学内容、所需课件、练习甚至试卷都安装在计算机上。学生通过人机交互，利用程序的内容达到自主学习的目的。

CAI的优点体现在以下两个方面。

①能进行个别化教育，有利于自主学习。

②具有交互功能，有利于进行参与性学习。

但这种教学方式也存在着不足，具体如下。

①已编好的CAI课件是按既定的教学内容进行设计安排的，不能修改和变动。

②教师的一些讲课技巧、思维方法和感情交流是计算机教学所无法替代的。

（二）推行多媒体辅助教学

多媒体辅助教学是指多种教学媒体汇集在一个教室内，以利于开展多媒体组合的教与学的活动。多媒体应包括传统教学媒体（如黑板、白板、书本、挂图、模型、标本等），还包括各种现代教学媒体（如幻灯、投影、扩音、录音、电视、录像、计算机、网络等）。教室中的多种教学媒体主要供教师使用，教师在教学中使用各种教学媒体来丰富教学内容。此种教学方式能集中控制且操作简便，并能与传统的课堂教学相衔接。其优点具体如下。

①形象生动，学习效果可以成倍增长。

②不同的教学内容可以选用匹配最佳的媒体，刺激大脑的不同部位。

③投资相对较少，收益面广。

但这种教学方式也存在着不足，如计算机只由教师控制，不接收学生的反馈信息。

（三）推行网络教学和远程教育

网络教学是在教室中将计算机用网络设备连接起来，组成用于教学的计算机网络。如果利用多媒体通信技术（如卫星传输、微波、有线电视网和因特网等）相连，就可实现远程教学。校园网就是校园内专门用于学校教育活动的局域网，它具备教学、管理、通信三大功能。

教师可以根据需要，通过网络演示教学内容，或向学生机发送信息。学生可以通过"电子举手"的形式请求帮助、提出问题。教师可以巡视每个学生的屏幕，了解学生的学习情况，并及时反馈对学生练习、回答的意见，教师还可以组织学生在网上讨论。学生可以在远程终端上随时利用服务器上的数据库（课件库）来进行自学、复习、自测，完成课后作业，加深对教学内容的理解。其优点具体如下。

①既有利于调动学生学习的主动性，又能充分发挥教师的作用。

②教师和学生在教与学的过程中可以调用网上的各种教学信息资源，丰富教学内容，实现视通千里、思接千载。

③打破教学时空限制，实现教育资源共享。

但这种教学方式也存在着不足，具体体现在以下两个方面。

①由于受计算机终端套数的限制，教学规模不可能像"多媒体教室"那样灵活，班级学生数也受到限制。

②没有传统的课堂教学气氛，缺少面对面的情感交流。

四、学习方式的变化

学习方式是指影响学生从事学习活动的相对稳定的形式，是学习方法、习惯、意识、态度、品质等心理因素的总和。信息化时代呼唤新型的学习方式，新兴技术在学习中的深入应用为学习方式的变革提供了思想和方法上的基础，能够促进传统、单一、被动的学习方式转变为自主、合作、探究的学习方式，有利于增强学习者参与学习过程的积极性，并获得良好的认知和情感体验。

传统课堂中的学生学习自主性不够强，学习方式也比较单一，获取知识渠道限于书本和教师，而且学习时间和空间也比较集中。信息技术的发展给学生学习和获取新知识提供了多种可能，学习方式也变得更加多元化与个性化。

首先表现为学习媒介的丰富多样。学生在日常生活中就可以潜移默化地学习很多知识，学生有更多、快捷、便利的渠道获取知识和解决困惑。

其次表现为学习伙伴的多样。除了同学、老师外，机器人在教育领域的应用使得学生多了一个学习伙伴。随着机器人技术的革新，机器人的数字化、智能化程度不断提高，机器人在学习中扮演的角色也在不断变化，它能同时扮演益智学习工具、情境建设者、学习伙伴等多个角色。机器人的加入使学习变得更加具有趣味性，能在很大程度上提高学生学习的积极性和主动性。

五、教学材料的变化

随着计算机技术的普及和发展，信息技术在实验教学和辅助课堂教学中的作用变得越来越大，信息也作为一种教学媒介被运用于教育教学改革中。

（一）视觉信息

在使用现成的计算机辅助教学软件或多媒体素材库时，教师可以选择其中合适的部分用在教学讲解中，利用PowerPoint等多媒体制作工具，编写演示文稿或多媒体课件，并形象地演示其中某些难以理解的内容，或用图表、动画等展示动态的变化过程和理论模型。如教《江雪》这首古诗时，教师可以将制作好的课件通过计算机和大屏幕把在寒冬独自守候在江边垂钓的老翁及其周围的寒冬情境以动画形式展现在学生的面前，让学生看到寒冬江边老翁独自垂钓的画面，这样就能帮助学生很快理解诗的大意，也有利于学生熟背这首诗。同时，教师也可以利用模拟软件或者计算机外接设备来演示某些实验现象，帮助学生理解所学的知识。

（二）视听信息

视觉信息与听觉信息相结合，将更有利于教学。比如在语文教学的过程中，教师可以在PowerPoint课件中插入课文朗读的音频文件，并合理地搭配简单的画面，让学生边听、边看、边想，然后让学生模仿着读。这一过程可以提升学生学习语文的兴趣，特别是对于多媒体电教语文课的作用十分明显。另外，在讲授学生难懂的词语时，一方面可以让学生借助词典等工具书进行学习，另一方面教师还可以使用Front Page软件将词语的音、形、义分别制作成可以进行抢答的竞赛题网页，并且配上音乐，链接激励语，使学生在轻松愉快的过程中就可以掌握相应的知识。

（三）操作信息

很多工具型教学软件，如在美术教学中经常使用的金山画王、画图板等可以为学生提供自我动手、自我欣赏、自我探究的机会，这样既可以培养学生的学习兴趣，又可以提高学习效率。另外，探索式教学和问题解决式教学等都可以以一定的信息技术为媒介。可见，优质教学的发生对信息技术有着较强的依赖性。

第四节　国内外教育信息化的历史沿革

一、国际教育信息化的发展

现代信息技术在20世纪90年代的快速发展促进了当今世界各国或地区教育信息化的进程。教育信息化作为跨世纪教育改革的重要内容和目标，纷纷被纳入当今世界各国或地区新一轮的教改方案。各国或地区所面临的教改任务尽管在层次上有内涵与外延的差异，但从教学改革所处的同一信息化时代的宏观大背景、教育所面临的21世纪人类社会的挑战等宏观方面来看，又呈现出某些共性，这些共性集中体现在当今世界各国家和地区的教育信息化的建设进程所呈现的教学改革特点和举措上。如日本的第五代、第六代计算机进入教育网计划，欧盟的"尤里卡计划"，美国战争研究所向教育进军，韩国的"虚拟大学"，新加坡的"智慧岛"方案，等等。这些带有浓厚信息化时代色彩的世界教学改革走势在一定程度上反映了以知识经济为特征的21世纪信息社会教学改革与发展的教育信息化共性的新特点，世界各国家和地区相继推出各有特色的新举措，教育信息化一时间成为当代教学改革的时髦词汇，极大地促进了各国或地区教学改革的信息化进程。

（一）国际教育信息化的开端

早在20世纪90年代，经济比较发达的国家或地区就开始从立法和信息政策的角度来推动和普及教育信息化工作。整体特点是整体规划、明确目标、把信息技术教育列入正式课程、增加投资和开课年级超前发展等。

新加坡政府1992年就宣布了"信息技术2000年设想"，1995年又制订了该国1997—2002年MIT总体教育信息化规划。规划要求到1998年全国教师都要接受MIT应用能力的培训，并将其作为教师资格聘用的重要标准之一。该国要求2000年全部学校都要建立校园网，明确规定全国各类学校30%的课程必须使用计算机授课，以鞭策教师努力提高自身的信息技术水平。为了推进基础教育信息化，该国决定拿出15亿美元的巨资加强中小学信息技术建设，主要用于为中小学购置计算机，建设网络，为学生提供免费软件和优惠上网，为每两位教师配备一台教学办公家用计算机，还为每位教师提供20%的补助用于购买家用计算机。

日本的文部省和通产省1995年便联合推进在基础教育领域有重大影响的111种中小学互联网的实验研究项目。项目要求这些学校的计算机系统全部进入因特网，共同探讨在传统教育体制和教育方法的框架外且在信息技术条件下的新型的教育模式，构成理想的交互式学习环境。随后该国又在《关于教育课程基本走向》文件中规定：小学在"综合学习实践"课上适当传授信息技术，初中要把信息基础列为必修课，从小学到高中各个阶段的所有学科课程都要运用计算机进行教学。

芬兰政府1995年拟定信息社会发展战略，把"全体公民掌握和使用信息技术的能力"列为五大方针之一，旨在"使每一位芬兰国民掌握信息社会的基本技能"。教育局规定，从1995年开始，受过九年义务教育的学生必须达到使用计算机和上网的技能标准。

1995年5月31日，韩国教学改革委员会制定了《建立主导世界化、信息化时代新教育体制的教育改革》方案，韩国公布的这一方案旨在强调只有把现代高新技术引进教育领域，才能使韩国进入未来信息化社会的先进国家行列，而这一切取决于加大国家教育信息化的决策力度。

美国政府1996年提出的"教育技术规划"（又称"教育技术行动纲领"）及克林顿总统的国情咨文中都明确提出：到2000年，美国的每一所学校的每一间教室和每一个图书馆都要实现与信息高速公路的连通；建议国会通过立法措施使美国的所有学校实现"人、机、路、网"成片连接；积极鼓励、组织和支持使用新技术对学生进行革新教育的教师；让每一个孩子都能在"21世纪教师"网络中得到教育服务。1997年2月，美国教育部制定了落实"教育技术行动纲领"的有关措施，要求所有教师都掌握计算机技能。克林顿在同年的国情咨文和年初发表的题为"没有哪项任务比这更重要"的文章中再次强调："要让人人都买得起计算机，人人都有能力上网，人人都具备信息技术能力，在2000年及以后的年代里，我希望整个民族竭尽所能使我们所有的孩子都获得所需要的世界第一流的教育，随着美国步入新世纪，没有哪项任务比这更重要。"为了实施"教育技术行动纲领"，1998年美国斥资510亿美元，以实现每一位美国公民都能利用信息技术进行终身学习的目的。中小学信息基础设施建设和中小学教师的信息化应用培训是这一目标的重点任务。2000年2月2日，美国政府公布了《从数字鸿沟走向数字化机遇》报告，提出了专业技术平民化、技术培训规范化、网络内容实用化三大目标，制订了20亿美元的税收刺激方案和3.8亿美元（其中1.5亿专项用于教师信息技术培训）专项拨款来消除美国的数字鸿沟。

英国政府宣布1998年是英国的网络年，并颁布了《我们的信息时代》的政策宣言，以立法的形式规定中小学原有信息技术选修课改为必修课，并制定了信息技术课的各项评价标准。该国确定从1998年10月起实施全国上网学习计划，在政府投入的教育经费中法定6%专项用于中小学的微机购置和网络建设。与此同时，英国首相布莱尔宣布增拨1.5亿英镑专项用于"更新教师的信息和通信技术能力"。

法国教育部长阿莱格尔1998年初宣布，法国制定三年教育信息化发展方案，重点放在教育信息化大发展对相应信息教育师资的培训上，重点倾向于应用多媒体教学和微机操作水平的提高，旨在发挥现有信息设备的使用效率，使法国由当时的初中学生32人一台微机、高中学生12人一台微机的水平，提高到初中学生16人一台微机、高中学生6人一台微机的标准，这一标准2000年要在全法国实现。

（二）国际教育信息化的举措

目前，世界各国或地区对教育的发展均给予了前所未有的关注，都试图在未来的信息社会中让教育处于优势地位，走在社会发展的前列。为此，许多国家或地区都把将信息技术应用于教育作为民族发展的重要推动力。面对西方7个发达国家占据教育信息化制高点的现实，中等发达国家和发展中国家奋起追赶并试图超越，更使全球教育信息化的竞争日趋激烈。因此，采取相应的教育信息化新举措成为当代世界各国或地区竞相实行教育信息化的一个十分鲜明的时代特色。各国在拟定教育信息化新举措时，呈现了取长补短、既竞争又借鉴的局面。尤其是发展中国家也在努力借鉴当代世界教育信息化前沿水平，尽量少走弯路，以缩短与教育信息化国际水准的差距，这是当代世界各国或地区为教育信息化采取教育新举措的原动力之一。

这里重点介绍日本和韩国实施教育信息化的相关举措。

1.日本实施教育信息化的举措

日本的近现代教育史经历过三次比较有影响力的教育改革。

第一次是在明治维新时期，日本向西方发达国家学习，对本国的传统教育体制进行了全面改革。

第二次发生在"二战"后，美国倡导并且改造了日本的军国主义教育，确立了以美国教育为代表的民主主义教育体制。

第三次是从20世纪70年代开始，日本政府意识到只有成为科技大国，才能成为教育强国。

日本政府在第三次教育改革中明确指出了要运用现代化的科技手段来支撑教育的发展，并率先在高中阶段开设信息技术相关课程，这些做法使得日本教育信息化的发展有了质的飞跃，信息化综合实力走在了世界信息化发展的前列。

20世纪80年代以后，日本教育信息化大致经历了教育信息化的起步阶段和教育信息化的加速阶段。日本政府制定了一系列国家信息化重大发展战略来提升自己国家的信息化水平，而教育信息化则是国家信息化的重要组成部分。

自2000年提出"IT基本战略"后，日本开始加速信息化建设。2001年，日本制定了"e-Japan"战略，重点扶持超高速网络建设、电子商务和政务、IT人才培养等。2004年推出的"u-Japan"政策则以"泛在（Ubiquitous）"为主，要求在2010年前实现随时随地均可自由连接互联网、建设世界一流信息化社会的目标。

2006年"IT新改革战略"率先提出要在2010年前实现计算机生机比3.6∶1的目标。

2009年日本推出"i-Japan"战略，该计划准备到2015年在日本构建一个以人为本、富有生机的数字化社会。

2013年"世界最先进IT国家宣言"和"日本再兴战略"再次提高标准，提出"一人一台计算机"的口号，强调信息技术能力应从儿童抓起；同年发布的《第二期教育振兴基本计划》更是要求在2020年前彻底实现"一人一台计算机"。

与此同时，2015和2016年度科学技术白皮书也指出，在面向未来的教育中，应充分利用ICT（信息与通信技术）与教育的结合培养科技创新人才。

此外，日本政府在"未来投资战略2018"中提出，以教育信息化促进教育改革，培养应对人工智能时代社会经济发展的可用人才是日本教育改革的当务之急。

日本《推进学校教育信息化相关法》规定的教育信息化是指基础教育阶段各类学校有效利用信息技术开展各学科教学指导、开设信息教育类选修课程、培养学生信息应用能力的教育活动，同时也包括利用信息技术处理校务的管理举措。日本文部科学省于2019年制定了利用尖端技术支持学习推进方略，规划了以信息技术和大数据驱动教育创新与学习变革的基本路径。

2019年6月，为落实应对"社会5.0"时代的社会经济发展战略，日本文部科学省出台了"利用尖端技术支持新时代学习推进方略"，旨在构建学校信息技术基础环境，破解利用尖端技术和教育大数据支持学习变革的时代命题，确立新时代日本基础教育的发展方向，制定面向2030的日本教育信息化推进计划。

新冠肺炎疫情期间，日本采取紧急措施加速推进教育信息化发展计划，以构建和完善教育信息技术环境设施为基础，以有效利用信息技术支持学习变革为突破口，紧急调整"千兆学校"计划，为中小学生提供平板电脑接收终端，将原计划2023年底实现的全国中小学生人手一台电脑终端计划提前到2020年度完成，并构建了安全稳定的学习环境，加速推进面向2030的教育信息化发展进程。

2.韩国实施教育信息化的举措

韩国政府把信息化作为国家的核心发展战略，其教育信息化水平较高，在全球处于领先地位。在美国教育信息化发展战略出台以后，韩国也开始根据自身发展情况制定与韩国教育发展相符合的教育信息化发展战略，其一系列举措有效推动了韩国教育信息化的发展。根据不同阶段的建设重点，韩国基础教育信息化体系发展脉络可以分为五个阶段：基础设施建设阶段、数字教育资源开发阶段、个性化学习提升阶段、技术与教育融合阶段和智慧教育发展阶段。

2001年，韩国政府发布《ICT教育的主要规划（2001—2005）》。该规划在2001—2005年实施，主要目的在于加强学校计算机教育，开展ICT培训，并为低收入家庭的孩子提供支持；建设网上大学，实现全国范围内的教育资源共享；为中小学设置学习IT的课程。规划还指出，2002年要在大学实现ICT的有效应用。

2006年，韩国政府发布《信息化促进教育全面发展规划（2006—2010）》。该规划的目标是通过加强家庭、学校和社区之间的联系，建立网络学习型社会；保障每个公民都能平等地获取教育资源。该规划最终的目的在于通过开发人力资源，提升国家竞争力。韩国政府于2007年开始发出有关使用电子教材的倡议。

2011年，韩国政府提出"SMART教育"规划。"SMART教育"是未来教育的特征，该规划被认为是未来人力资源发展的驱动力之一。该规划的最终目标是通过"课堂变革"培养全球顶尖的创新型人才。同时，韩国政府宣布将于2015年在全国中小学淘汰纸质课本，全部用电子教材替换；以平板电脑为主要形式的电子教材阅读器和个人学习终端将成为未来韩国中小学生的重要装备。然而，根据实验结果，韩国政府在2012年宣布推迟这一计划。

时至今日，韩国仍以教育信息化规划为准则，积极推动信息技术与教育的深度融合，培养学生的创造性思维，创建以学生为中心的数字教育生态系统。

（三）国际教育信息标准化研究

标准化，在《标准化工作指南　第1部分：标准化和相关活动的通用词汇》（GB/T 20000.1—2002）中所定义的概念是"为了在一定范围内获得最佳秩序，对现实问题或潜在问题制定共同使用和重复使用的条款的活动"。教育信息标准化主要包括教育信息分类编码与文件格式标准化、教育信息处理过程标准化、教育信息交换标准化等多个方面。

国际上许多国家或地区，如美国、日本和欧洲，都成立了专门从事教育信息标准化工作的组织。这些组织分为两类：一类是研究机构，它们开发最初的规范草案，并在实践中进行检验，最后形成各具特色的规范；另一类是国家级的标准化组织，它们吸取研究机构开发的规范，经过工作组的反复讨论，最后投票通过以形成正规标准。

1.部分网络教育规范的创建者

①IMS（Instructional Management System）是一个全球性的学习联盟，它致力于开发便利的在线分布式学习活动的开放标准，这些分布式的学习活动包括定位和使用教育资源、跟踪学习过程、报告学习成绩和在管理系统之间交换学生记录等。目前它主要的研究领域包括学习资源元数据规范、企业规范、内容组装规范、学习者信息组装规范、问题和测试规范。

②ADL（Advanced Distributed Learning）是美国国防部和白宫科技政策局共同创立的研究项目，专门负责与高级分布式学习活动相关的研究内容，如共享式课程对象参考模型、元数据标准及基于XML的课程结构模式等。

③PROMETHEUS是欧洲标准化委员会建立的部级项目，负责阐明各类网络教育的需求、收集不同部门的意见，并为欧洲标准化委员会提供参考资源。

④ARIADNE是由欧洲基金会支持，基于计算机和远程信息处理，为远程写作、教学和学习提供构思的工具，着重强调电子学习资源的共享和作用。它在开发元数据和可操作性基础框架方面对国际标准化项目有很大贡献。

2.网络教育标准的制定者

①Dublin Core是一个致力于规范因特网资源体系结构的国际性联合组织，它定义了一个所有Web资源都应遵循通用的核心标准。标准涉及资源的

标题、创建者、主题、标识符、类型、格式等15个方面的信息。其他关于学习资源的数据标准，基本上兼容了Dublin Core标准，并对它做了扩展。

②CEN/ISSS（European Committee for Standardization/Information Society Standardization System）建立了好几个工作组，研究与学习技术相关的标准，如多媒体信息和电子商务的元数据标准。1999年，它下属的一个学习技术工作室开展了"学习与培训技术及多媒体教育软件"标准化工作项目。该项目关注的是终身学习过程（包括远距离教育、培训和自学）中信息和通信技术的标准化，且设想以在线的方式提供信息。

③IEEE/LTSC（IEEE/Learning Technology Standards Committee）学习技术标准委员会负责研究制定教育系统中与计算机相关的信息标准。他们开发技术标准、推荐好的实践范例，指导软件内容、工具和技术，并设计一些方法，为开发、维持和配合那些由计算机执行的教育和培训的系统提供便利。许多LTSC开发标准将由国际标准化组织的SC36子委员会提升为国际标准，由此可以看出这个委员会的研究成果对整个网络教育的重要性。

④ISO/IEC JTCI/SC36是国际标准化委员会下成立的学习、教育和培训的信息技术委员会。它目前最主要的研究项目有网络教育的体系结构、学习资源的元数据标准、网络教育中术语及协作学习的相关技术标准。

虽然上述教育信息标准化组织各自的研究重点并不相同，但它们之间却存在着亲密的合作伙伴关系。IMS吸收Dublin Core的研究成果，并与ARIADNE合作，它们的研究成果直接提供给IEEE/LTSC。当然，IEEE/LTSC与国际标准化组织负责网络教育的SC36子委员会也相互合作，最终形成国际通用的ISO标准。

二、我国教育信息化的探索

（一）教育信息化基础设施建设

创建信息化教育教学环境，是教育信息化建设的基础和前提，其中包含教育信息化的基础设施建设、软件开发及应用和教育教学资源的开发。进入21世纪以来，我国相继启动和实施了"校校通"工程、农村中小学现代远程教育工程、通用技术教室建设、高中新课程配套实验室建设、探究性实验室建设、高校数字图书馆建设、高校精品课程建设等教育信息化建设项目，全国各级各类学校特别是经济欠发达地区和农村地区中小学校的信息化基础设施建设取得显著成绩。

教育信息基础设施建设包括中国教育和科研计算机网CERNET（China Education and Research Network）的建设、地区性城域教育信息网络建设和校园网络建设。中国教育和科研计算机网CERNET是由国家投资建设、教育部负责管理、清华大学等高等学校承担建设和管理运行的全国性学术计算机互联网络。CERNET分四级管理，分别是全国网络中心、地区网络中心及地区主节点、省教育科研网、校园网。全国网络中心设在清华大学，负责全国主干网运行管理。地区网络中心及地区主节点分别设在清华大学、北京大学、北京邮电大学、上海交通大学、西安交通大学、华中科技大学、华南理工大学、电子科技大学、东南大学、东北大学等10所高校，负责地区网运行管理和规划建设。

CERNET是我国教育信息化的重要基础设施，也是我国信息基础设施的重要组成部分。CERNET在向教育系统提供全面的互联网服务的同时，还支持多项国家大型教育信息化工程，包括网上高招远程录取、数字图书馆、教育和科研网格、现代远程教育等。CERNET已经成为我国重要的互联网研究平台和人才培养基地，为我国教育信息化的发展做出了突出贡献。

（二）教育信息化政策发展

具体来讲，我国在教育信息化方面的政策发展体现在以下两个方面。

第一，国家层面推出技术与教育双环推进的战略规划。《国家中长期教育改革和发展规划纲要（2010—2020年）》中提出"到2020年，基本实现教育现代化，基本形成学习型社会，进入人力资源强国行列"的战略目标，并指出要高度重视信息技术对教育的革命性影响，在教育信息化推动教育现代化的过程中，要充分利用优质资源和先进技术，加快教育信息化基础设施建设，加强优质教育资源开发，构建国家教育管理信息系统。

2015年，国务院印发《促进大数据发展行动纲要》，旨在全面推进我国大数据的发展和应用，并对大数据工程中的教育文化大数据做出具体界定，包括教育管理公共服务平台的建设、教育资源云服务体系的构建及教育方式的新型变革等。2017年，国务院印发的《新一代人工智能发展规划》中首次提出智能教育，同时强调利用智能技术来构建新型教育体系、加快开展智能校园建设、促进在线学习教育平台和教育分析系统开发。

2019年，中共中央、国务院印发《中国教育现代化2035》，作为政策的顶层设计，以深化推进各级各类教育的普及与公平为经度，以教师队伍建设、教育信息化、教育国际化为纬度，全方位推进教育现代化的总体目标，并努力形成全社会共同参与的教育治理新格局。《加快推进教育现代化实施方案（2018—2022年）》作为配套的行动方案，提出相对具体的内容任务。由此，构成了技术与教育两条政策脉络相互渗透、相互促进、共同支持的国家战略规划体系。

第二，跨部门多主体的教育信息化政策内容分析。教育部于2012年、2016年、2018年先后颁布《教育信息化十年发展规划（2011—2020年）》《教育信息化"十三五"规划》和《教育信息化2.0行动计划》，作为具有时代标志性的重要政策文件，从首次对我国教育信息化的发展做出十年部署，到对"互联网+"大环境下教育信息化的成效与问题的阶段性总结与目标厘清，再到推进教育信息化向2.0时代转段升级，目标不断提高，内涵不断丰富。

一方面体现出目标定位从基本的信息化环境建设到教育信息化作为应用层面的方法和手段，为教学改革及学生发展起到了积极的促进作用；同时强调继续深入推进"三通两平台"的应用，加强信息技术与教育教学的深度融合，构建一体化的"互联网+教育"大平台的重心转变与互联兼容，提升教育技术硬件与软件的服务效能与质量。

另一方面也体现出在人工智能、大数据、区块链等新型技术的创新推动下，教育需要主动应对新技术所带来的新挑战的认知转变。

技术作为联结不同部委的重要桥梁，也联动着教育所在的社会系统和政策体系。为配合国家战略规划和教育部的政策落实，工信部信息通信发展司于2019年组织召开了推进教育专网建设有关工作座谈会。会议研究讨论了推动学校接入快速稳定互联网的工作思路，旨在加大网络覆盖，加快网络提速，协同统一政校企的功能作用，发挥合力，共促教育改革与发展。这次会议对教育专网的内涵进行了科学定义，旨在从实际出发，对接好学校与网络建设之间的关系，从学校需求与网络建设短板入手，结合实践中的问题，推进互联网进校教育任务的开展，从而为学校师生提供更为稳定、安全和高效的网络服务。

鉴于新冠肺炎疫情的防控要求对网络应用的紧急需求，工信部于2020年2月召开"加快推进5G发展、做好信息通信业复工复产工作电视电话会议"，会议指出，要加快5G商用的进度，推动信息通信业高质量发展，进而抓住5G在网络教育、在线医疗、远程办公等业务中的发展机遇。疫情及后疫情期间，为全球最大规模的基于网络的在线教育提供技术和服务，更是对边远贫困地区的教育公平的切实落实。这是对面向未来、不断推进5G技术的发展及其社会融合、深化5G技术在教育等各行各业中的应用提供的政策支持。

在《新一代人工智能发展规划》的部署下，科技部也制定了一系列相关政策文件，旨在从技术开发与应用方面给予支持与指导。诸如近几年印发的《国家新一代人工智能开放创新平台建设工作指引》《国家新一代人工智能创新发展试验区建设工作指引（修订版）》和《关于促进文化和科技深度融合的指导意见》等，均以"开放、共享"为重要理念，将提升技术创新研发实力、基础软硬件开放共享服务能力和以试验区试点建设为代表的机制创新作为促进人工智能服务社会经济发展、服务教育改革发展的动力。国家相关部门以现代信息技术为支撑，搭建技术与教育之间观念转变、能力建设、制度创新的桥梁，从融合创新的角度给予政策引导。

（三）我国教育信息标准化研究

我国的网络教育信息标准化的研究工作是随着"现代远程教育工程"计划的实施而启动的。2000年5月，教育部远程教育资源建设委员会颁布了由北京师范大学牵头制定的《现代远程教育资源建设技术规范（试行）》，这是我国关于远程教育信息标准化工作的重要成果。该规范的核心内容是，将课程资源分为六大类——媒体素材、试题、网络课件、案例、文献资料和网络课程，详细规定了各类资源的功能、技术开发要求和信息属性标注。

2000年底，教育部高教司联合清华大学、北京大学、北京师范大学、华东师范大学、上海交通大学等十余所高校成立了中国现代远程教育技术标准化委员会。该委员会致力于借鉴国际上比较成熟的标准，在此基础上一方面结合我国的实际情况进行本土化的工作，另一方面结合我国网上教育的具体实践对标准进行修订和完善，使之不仅与国际接轨又为国际标准提供中国的个案补充，还符合本国的国情且利于我国远程教育的长远发展。

通过分析国际上关于教育信息技术标准的研究线索，特别是参照IEEE P1848的框架，该委员会提出了我国现代远程教育标准体系，并于2001年4月29日颁布了《现代远程教育技术规范（教学资源部分）V1.0版》。2002年，教育部又颁布了《〈教育管理信息化标准〉实施办法》（试行）。

2001年1月，北京师范大学信息科学学院和武汉网桥电子商务有限公司签订了《关于XML在我国远程教育领域的合作研究开发》计划书，旨在研究、开发和推广XML技术在远程教育领域的应用，搭起XML这一新兴网络技术与网络教育之间的桥梁。该合作计划是XML中小企业技术创新基金项目的组成部分，得到了教育部的大力支持。该合作项目还建立了"XML与教育"网站，它将成为远程教育数据交换标准的信息交流平台，其最终目的是成为国内XML在教育信息标准化方面的核心网站。目前网站主要内容包括XML的介绍、IEEE对远程教育资源的定义、国内XML教育系统信息标准化的研究现状和XML信息标准化在远程教育中的应用。

2019年6月2日，全国信息技术标准化技术委员会教育技术分技术委员会（暨教育信息化技术标准委员会）全体会议在北京邮电大学科技大厦成功召开。会议的成功举办，对于我国教育信息化标准的研制和推广，对于教育信息化软件的研制和开发，对于推进教育信息化事业，都起到了很好的推动作用。

第二章 现代教育信息化的理论基础

教育信息化的形成和发展离不开其理论基础。教育传播、试听教育等理论在形成与发展的过程中，对学校的教育教学活动产生了重要影响，是教育信息化的重要理论基础。在教育信息化的发展过程中，我们应不断研讨和反思相应的理论，以促进教育水平进一步提升。本章分为现代学习理论、教育传播理论、视听教育理论、系统科学理论四部分，主要内容包括现代学习理论的简介、教育传播理论的基本原理及传播模式、系统科学理论的主要内容等方面。

第一节 现代学习理论

一、操作学习理论

美国心理学家斯金纳的操作学习理论是行为主义学习理论的代表。斯金纳从行为主义出发，把行为作为基本的研究对象，关注对行为的描述而不是解释。

（一）操作性条件作用原理

斯金纳通过设计"斯金纳暗箱"对动物行为进行实验分析，考察实验操作如何引起行为的变化。他将反应分成由刺激引发的应答性反应和有机体发出的操作性反应；人类发出的绝大多数行为都是操作性的。如果一种反应之后伴随一种强化物，在类似环境里发生这种反应的概率就会增加。

（二）强化理论

斯金纳认为学习是强化练习导致的行为变化，是桑代克效果律的进一步延伸和发展。在学习领域控制有机体行为方面，他指出：一方面，效果是存在的，效果是在有利于造成被称为学习的那种变化的条件下产生的，通过安排好强化的结果，技术会容许随意地去塑造有机体的行为；另一方面，采用强化相倚安排方式，可以使行为在长时间内保持一定的强度。强化是保持行为强度的必要条件。另外，强化的类型和强化的安排对学习都有重要的影响。只有适当组合不同的强化安排，才能使个体一直将某种行为保持下去。

（三）应用技术

斯金纳根据强化原理设计了应用技术，具体内容如下：

①塑造。塑造是指通过安排特定的强化相倚关系使有机体做出行为库中原来不曾有的复杂动作。主要采用相继近似法通过不断强化一系列逐渐接近最终行为的反应来塑造某种行为。由此，在教学上，可以通过安排特定的设计，按照我们一定的目的来培养学生。

②渐退。渐退是通过有差别的强化，缓慢地减少两种或两种以上刺激的特征，从而使有机体最终能对只有很小差异的刺激做出有辨别的反应，也称为刺激控制。

斯金纳对当时的认知学派和人本主义的观点提出了挑战，从而成为当代行为主义的代言人。他试图用操作性条件作用来解释人类所有的学习，但他的研究只注重人类学习的外部行为变化，而忽视了对人的认知、情感等内部因素的考察。另外，他对动物的行为实验并不能完全代表具有复杂思维的人的学习行为。我们只有打开"斯金纳暗箱"了解人的内部心理活动过程，才能全面认识人的学习行为。

二、社会学习理论

社会学习理论的代表人物美国著名心理学家班杜拉从认知和行为联合起作用的观点去看待社会学习，注重社会因素的影响，把学习心理学的研究同社会心理学的研究结合在一起，吸收认知心理学研究成果，把强化理论和信息加工理论有机地结合起来，对分析解释人类行为做出了不可抹杀的贡献。

（一）交互决定理论

班杜拉探讨了个人的认知、行为与环境因素三者及其交互作用对人类行为的影响，他认为以往的学习理论家忽视了社会变量对人类行为的制约作用，他们通常是用物理的方法对动物进行实验，并以此来建构他们的理论体系，这对于研究生活于社会中的人的行为来说，似乎不具有科学的说服力。

由于人总是生活在一定的社会条件下，所以班杜拉主张要在自然的社会情境中而不是在实验室里研究人的行为。班杜拉指出，行为主义的刺激—反应理论无法解释人类的观察学习现象。因为刺激—反应理论不能解释为什么个体会表现出新的行为以及为什么个体在观察榜样行为后，这种已获得的行为可能在数天、数周甚至数月之后才出现等现象。所以，如果社会学习完全是建立在奖惩基础上的话，那么大多数人都无法在社会化过程中生存下去。

（二）观察学习过程

班杜拉的社会学习理论所强调的是观察学习，认为人的大多数行为是通过观察而习得的，观察学习由四个阶段构成。

注意过程是观察学习的起始环节，在注意过程中，榜样行为的特性、观察者本人的特征、观察者和示范者之间的关系等诸多因素影响着学习的效果。

在观察学习的保持阶段，示范者虽然不再出现，但他的行为仍给观察者以影响。要使示范行为在记忆中保持，需要把示范行为以符号的形式表象化。通过符号这一媒介，短暂的榜样行为就能够被保持在长时记忆中。

观察学习的第三个阶段是把记忆中的符号和表象转换成适当的行为，即再现以前所观察到的示范行为。这一过程涉及运动再生的认知组织和根据信息反馈对行为的调整等一系列认知和行为的操作，能够再现榜样行为之后，观察学习者是否能够经常表现出示范行为要受到行为结果因素的影响。

动机过程是观察学习的最后环节，班杜拉把习得和行为表现区分开来，认为任何人都无法复演所学过的所有动作，人的行为表现是由动机变量控制的。动机过程包括外部强化、替代强化和自我强化。

（三）自我效能感理论

自我效能感理论是班杜拉提出的，他认为自我效能感是人们对自己是否能够成功地进行某一成就行为的主观判断，人的行为受行为的结果因素和先行因素的影响。结果因素就是人们通常所说的强化，先行因素就是人们通常所说的期待。不同于其他学者仅仅把期待看作对行为结果的期待，班杜拉认为期待除了有结果期待外，还有效能期待。结果期待是个体对自己的某种行为会导致某一结果的推测，效能期待是个体对自己能否实施某种成就行为的能力的判断。

自我效能感理论对教育教学工作具有积极影响，尤其是对开发学生的潜在能力、激发学生的学习动机和情感、促进学生积极的自我意识发展起到了不可低估的作用。班杜拉指出，效能期待不只影响活动和场合的选择，也对努力程度产生影响。能被感知到的效能期待是人们遇到情况时选择什么活动、花费多大力气、支持多长时间的努力的主要决定者。因此，父母、教师要在儿童自我奖惩标准确立的过程中起到方向标的作用，指引他们前进的方向。

三、建构主义学习理论

建构主义学习理论是21世纪教学改革发展的重要理论。建构主义认为：知识并非被动地接受而是由认知主体主动构筑的；学习是引导学生从原有经验出发，生长（建构）起新的经验。在高等学校教学中融入建构主义理论，主要价值在于，以建构主义学习理论为基础，寻求一种创新高等学校教学方法的途径，推动教学改革，切实提高教学水平。

建构主义理论是教育理论重要的分支。"建构"一词最先产生于建筑领域，后来逐渐衍生到教育行业。第一个尝试在教育实践中应用建构主义理论的学者是美国教育心理学家布鲁纳，他把建构主义理论实践科学地运用到儿童教育方面，因此丰富了建构主义理论领域在这方面的宝贵经验。关于教学，建构主义学习理论最核心的观点如下：

第一，在学习进程中，致力于以学生为核心。建构主义者的观点是，在学习过程中学生居于主体地位，教师应该扮演引导者、服务者的角色，学生应当是主观意识的建构者，教师应当与学生共同协定教学目标。

第二，注重在教学前构建科学的知识总体框架，为有序教学奠定基础。建构主义要求授课前必须构建科学的知识总体框架，建构便于理解、吸收和掌握的知识结构，激发学生的求知欲，重构新旧知识，让它们能有机结合，从而帮助学生利用既有的知识来加深对新知识的理解和应用。

第三，注重利用现代化教学手段创建协作学习氛围。建构主义的观点认为，学生群体学习和汲取新知识点的时候主要是通过发挥个人主观能动性来实现的，因此基于建构主义理论运用的教学过程中应建构多样化教学组织形式。比如小组讨论、师生对话、专题讲解等，可以在课堂上通过授权方式来组织实施。科技信息化发展、网络技术日新月异以及教学信息技术在教学中的广泛应用使教学水平提高的同时也使教学组织形式变得多样化。

第四，建构理论注重知识与实际紧密联系的教学方式，为学生提供了获取知识的良好环境。建构主义要求加强教学环境设计和优化，使学生能够很好地将知识与实际情况联系起来，在实践中掌握运用知识的本领。因此，教师要建构理论知识与实际紧密联系的教学方式，从现实中发掘生活素材，让学生展开丰富的联想，利用掌握的信息和资源思索辨别事物发展的本质，提高对所学知识的掌握程度。

四、人本主义学习理论

美国心理学家罗杰斯是人本主义心理学家的代表，他在存在主义的哲学基础之上，提出了以个人为中心、以过程为定向的人本主义学习理论。

（一）学习观

罗杰斯把学习分为两类：一类学习是无意义的学习，使学生学习对他们来说毫无个人意义的内容；另一类是意义学习，不仅增长知识，而且使每个人各部分的经验融合在一起。意义学习是把逻辑与直觉、理智与情感、概念与经验、观念与意义等结合在一起，使学生的左右脑共同发挥功用的最好的学习方式。

在意义学习中，学生整个人（包括情感和认知）都投入学习活动；具有强烈的学习欲望的内部动机；进行渗透性的学习，使学生的行为、态度乃至个性都发生变化；而且学生对这种学习能进行自我评价，能切实对自己及自己的发展方向负责。

（二）学习原则

通过呈现大量的实践经验和对方法的描述，罗杰斯归纳出人本主义的学习原则：人类生来就有学习的潜能，只要创造合适的条件，就能充分释放；学生对于与他们保持或增强自我有关的学习内容，才会有意义地学习；而一旦涉及改变自我概念的学习，往往会遭到学生的抵制；教学中可以通过创设良好的学习氛围，让学生变抵制为同化，使学习得以发生；另外，让学生自我发起，从做中学，负责任地参与学习过程，在学习中以自我批判和自我评价为主，进行开放式学习。

（三）学习方法

为了促进学生自由学习，在教学中教师要善于构建现实的且与课程相关的真实的问题情境，同时要富有想象地为学生提供大量的学习资源，使学生处于一种可以选择、最能满足他们需求的学习环境。

教师可以使用合约来保证学生学有所得，并对学习承担责任。具体的教学方式可以采用同伴教学、分组学习、程序学习、交朋友小组的形式。注重学生在学习中的参与和体验，进行探究训练，使学生自主地发现；同时通过学生各种各样的自我评价方式，增强学生学习的主体性。

人本主义学习理论从人的自我实现和个人意义的角度提出对学习的看法，在学习中充分地尊重学生，追求一种能最大限度允许学生做出个人选择的学习环境；提倡尊重学生的主体地位，以学生为中心。试图将认知与情感合二为一，培养出完整的人。其中对于意义学习的详细阐述，应引起教师的反省：怎样引导学生从教材中获取个人意义，激发学生学习的内在动机。

同时，罗杰斯所提出的学习方法对教师也有重要的启迪作用，让教师思考到底应该怎样在教学中充分重视并发挥学生的主体性。

五、联通主义学习理论

互联网的出现改变了知识传播的时间和空间，也打破了由精英专家等角色垄断知识生产的传统，系统的、层级序列式的学习逐渐转变为碎片化、网络化的学习。在此背景下，加拿大学者乔治·西蒙斯在整合了混沌理论、网络理论、复杂性理论和自组织理论的基础上，在其代表性文章《联通主义：数字时代的学习理论》中，首次提出了"联通主义"这一概念，并指出学习是连接专门节点和信息源的过程，知识的边界变得模糊不清、迅速迭代及流动。经过十余年的理论研究和实践发展，我国学者王志军、陈丽从哲学层面指出联通主义是"互联网+教育"的本体论，而联通主义学习理论对"互联网+教育"的适应性正体现在其知识观和学习观中。

（一）联通主义的知识观

国际知名教育学者斯蒂芬·唐斯认为知识的本质是一种网络现象，其客观存在于人与人的连接中。联通主义对知识本质特征的这一理解，将其与建构主义等学习理论区分开来，充分体现了其作为网络时代学习理论的适应性。

在建构主义知识观中，知识是体系化的、层级化的、静态的结构性信息。这意味着知识是经由专家根据经验筛选的，可以预先确定，边界清晰可控，学习者是知识的消费者和传承者。但在网络时代，我们不难发现知识的边界已经变得模糊不清，知识生产方式逐渐由传统的精英垄断转变为群体自发的、碎片化的生产方式。因此，联通主义根据知识的内部组成样态提出，知识是一种动态的组织，时刻处于变化之中。

同时，知识具有生长性，为适应内部认知需要及外部社会情境的变化，知识网络能迅速调整并回应变化。知识从某一节点出发，不断连接其他实体，生成知识网络，随着知识网络的更新迭代逐渐形成了知识结构，因此，知识结构是知识组织生长的结果，而不是先决条件。此外，知识网络具有自组织的特点，学习者个体或学习系统本身的需求正是知识网络生成和迭代的决定性因素。

连接性知识和索引性知识是联通主义视角下两个重要的知识类型。网络时代的知识是分布于各个节点之中的，找到节点、连接节点就是知识生产和建构的过程。唐斯提出，在不同主体之间发挥关联作用的知识就是连接性知识，连接性知识促成了知识的生成和转化。

西蒙斯更强调关注能够连接到信息源的索引性知识，建立索引，才能获取信息。因此，联通主义将其代表性观点表述为"管道比管道中的内容物更重要"。管道是知识分布的外部空间，发挥着知识存储和流通的功能。网络时代的知识瞬息万变，对知识内容本身的理解会因其依存的情境、社会网络不同而各异。因此，知道"知识在哪"比知道"知识是什么"更为重要，连接性知识促进了知识网络的生成和迭代，而只有建立有效的信息索引，才能统观知识全局，驾驭知识网络。

（二）联通主义的学习观

西蒙斯认为，学习即建立连接和形成网络的过程，包括内部认知神经网络、概念网络和外部/社会网络。人类学习的过程即联通的过程，也就是不断地连接网络中的各个节点，建构网络，并保证信息交互、流动的过程，在这一过程中实现个体内部的生理连接、认知连接及外部的社交性连接。

有学者将联通主义的学习过程具体分为以下四个阶段。

①聚合。学习者必须首先通过社交工具确定学习主题，再根据学习主题和关键词制定搜索策略，将搜索到的信息经过评估后，使用协作工具存储、组织这些信息。

②合成。在学习的第二阶段，学习者首先必须转化已有知识以决定哪些信息应该被用到现有的任务中，然后使用数据集合工具评估信息质量，最后利用协作工具分享信息。

③重新目的化。在学习的第三阶段，学习者首先要利用内容生成工具形成信息源，然后阅读和总结其中的重要信息，在搜集到足够的信息摘要后，再使用内容生成工具分析和整合数据以生成新的信息，最后评估任务情况并修订。

④前馈。在最后一个阶段，学习者通过使用演讲工具发表、分享他们的作业，与他人交换意见，然后向社交网络输送他们的作业，并使用社交工具获得关于作业的评价。在这一前馈过程中，学习者还要不断反思、加工收集到的反馈，以规划下一阶段学习中应开发的能力。

总之，联通主义学习理论构建并描述了个体在网络媒介下的学习过程。

学习不再是单纯的知识获取过程，学习的渠道也不再仅仅局限在固定的课程中，学习更是一个建构个性化学习网络的过程。在这一过程中，促进个体学习的核心技能是，能够在不同领域的思想和概念之间发现联结、识别模式和理解联系。学习不仅是消化知识的过程，更是在不断决策中创造知识的过程。

六、发现学习理论

布鲁纳是享有盛誉的美国教育心理学家，他在众多领域进行了富有成效的研究。在教育心理学上，他主要对学生的认知和发展进行了大量研究，并提出了著名的发现学习理论。

布鲁纳认为，在教学过程中，学生是一个积极的探究者，教师要创设一种学生能够独立探究的情境，并在学生的探究活动中给予指导，帮助学生形成丰富的想象。学生的学习方式类似于科学家研究问题的方式。学习是学生主动发现并独立解决问题的一个过程。教师应注重掌握学科的结构，强调学习的过程，在学生掌握学科基本结构的同时，注重对学生发现方法和发现态度的培养。

在学习理论中，布鲁纳所强调的学科的基本结构适应了当时知识爆炸、信息迅速增长、学生要掌握大量知识的需要；同时，让学生主动参与、主动发现，而不是一味被动地接受知识，有利于激发学生内部的学习动机，对学生的主体地位是一种肯定。但他单纯强调发现学习的方式，其实施对于教师的素质提出了过高的要求，时间上也不允许，而且发现教学法并不适用于所有知识的教学。

发现教学法是指教师在学生学习概念和原理时，向学生提供一种问题情境，给学生一些事例和问题，让学生积极思考，独立探究，自行发现并掌握相应的原理和结论的一种方法。这一教学方法的提出，主要源于布鲁纳的认知结构学习理论。

发现教学法的基本教学过程分为以下四个阶段。

第一，创设问题的情境，使学生在这种情境中产生矛盾，提出要求解决或必须解决的问题。

第二，使学生利用教师所提供的某些材料、所提出的问题，提出解答的假设。

第三，在理论上或实践上检验自己的假设。

第四，根据实验获得的一定材料或结果，在仔细评价的基础上得出结论。

教师在应用发现法进行教学时，首先要把教材划分为一个一个的发现过程，制定出具体要求。其关键在于恰当地确定学生独立探究、力所能及的"最近发展区"。只有教师给学生创设的问题情境最符合学生实际水平以及只要跳一跳就能达到的"最近发展区"时，学生的探索和智力才能就会得到发展。

七、掌握学习理论

布卢姆是美国当代著名的教育心理学家，其教学理论的核心内容是掌握学习理论。掌握学习就是在所有学生都能学好的思想指导下，以集体教学（班级授课制）为基础，辅之以经常、及时的反馈，为学生提供所需的个别化帮助以及所需的额外学习时间，从而使大多数学生达到课程目标所规定的掌握标准。掌握学习教学的实施，通常包括以下两个阶段。

第一，教学准备阶段，具体内容如下。

①教师首先确定学习内容。

②教师把课程分解为一系列学习单元，并制定具体的教学目标。每个单元大体包含两周的学习内容。

③在新课程开始之前，教师对学生进行诊断性评价，了解学生具备多少有关学习新课的知识以及学生的学习动机、态度、自信心等情况，以便在新的学习中为学生安排适当的学习任务，因材施教。

④教师根据每一单元的教学目标编制该单元简短的形成性测验试题，测试时间一般为20分钟左右，目的是评价学生对该单元内容的掌握情况。

⑤教师根据形成性测验试题再确定一些可供选择的学习材料和矫正手段，供学生在学习遇到困难时选择。

⑥教师编制终结性测验试题，测验试题的覆盖面应包括各教学单元的全部教学目标，目的是评价学生是否完成了该学科的学习任务。

第二，教学实施阶段，具体内容如下。

①教师首先向学生介绍掌握学习的一般程序，使学生适应掌握学习的方法。

②教师根据事先安排好的教学目标、内容，采用集体教学形式，给予学生相同的学习时间。

③在一个单元初步完成后，教师对全班学生进行形成性测验，掌握的正确率达到80%～85%者为及格或通过。

④对于已通过的学生，教师可安排他们转入下一单元的学习，或由学生

自己选择学习补充教材进行巩固性活动或帮助不合格者学习；对于没有通过的学生，教师在帮助其明确原因的基础上，选择合适的学习材料或矫正手段，使他们进行补充学习。

⑤在补救教学结束之后，再进行一次平行性的形成性测验（学生只需回答第一次形成性测验时未做对的那些问题），待绝大部分学生在达到该单元的教学目标后，方可进行下个单元的学习。对于一次矫正学习尚没有通过的学生，教师还要再尽力帮助他们。

⑥在一学期结束或几个章节或全部教材学完后，进行总结性测验和评价，评定每个学生的学业水平。布卢姆的学生布洛克曾对"掌握学习"做过精辟的概括。他认为这种策略试图将一组学生的学习达到优秀所需的时间缩短到最低限度，以便在规定的教学时间内完成教学任务。

掌握学习策略的本质特征包括三个方面。首先，它是一种系统的教学方法，教学建立在教师所追求的学习成果基础上，为每个学生达到各项成果提供了多种途径；其次，它是一种预定的主动教学方法，教师在授课前已做好周密的设计，教学有了明确的方向，对课内可能发生的意外事件也有所准备；最后，它是管理学习的有效方法，通过为学生定向，提供满足学生需要的教学方式，及时观察学生的进步，并不断给予鼓励，激励学生不再消极地停留在中等或差等水平，而是努力积极地追求优异的水平。

八、协同学习理论

21世纪需要全面发展的新型人才，而在培养高素质、解决问题能力强、具有创新性思维能力的人才方面，传统学习理论显然已经不能满足这些要求，社会的快速发展要求有全新的学习理论与之相呼应。

近年来，学术界新的关注点是由祝智庭教授领导的学术团队在协同学习理论方面的研究。祝智庭教授及其团队研究的协同学习理论是建立在对传统学习技术系统的深刻剖析基础上的，分析了现有学习技术系统的局限性，其局限性体现在以下五个方面。

①缺乏学习者与内容的深度互动。

②缺乏信息聚合机制。

③缺乏群体思维操作。

④缺乏分工合作与整合工具。

⑤缺乏信息、知识、情感、行动、价值等方面的有机联系。

通过对学习技术系统的深入反思，并经过深入研究，祝智庭教授及其团队提出了全新的学习理论——"协同学习理论"。这是一种新型学习技术系统的设计，一种面向知识时代、能很好地适应知识与技术发展的新型学习技术系统。协同学习理论的内容包括以下几个方面。

（一）协同学习的概念

祝智庭教授及其团队提出的协同学习是指，通过对学习技术系统中各个组成要素（包括认知主体和认知客体以及二者交互所形成的学习场）之间的协同关系进行整合，使教学获得协同增效。根据协同学习可以形成全新的学习框架，以支持协同学习技术条件下的教与学活动。

在本质上，协同学习区别于一般的协作学习或合作学习。协作学习或合作学习是指小组学习的各种不同形式，其内涵主要涉及学习过程的策略与方法；而协同学习的内涵主要涉及学习系统的结构与功能。

（二）协同学习的多场作用空间

传统教学的目标、认知、情感和动作技能进一步发展成协同学习的前四个学习场，即信息场、知识场、情感场、行动场。价值场是第五个学习场，是一种系统导向和终极追求。五个学习场一方面规划了学习的目标，另一方面明确了实现目标的途径。同时，由于学习场的组织与协同等特征，各个学习场的要素之间处于相互联系、相互作用的状态。

（三）协同学习的发生机制

简单地说，多场协同、个体与群体的信息加工以及知识建构就是协同学习的发生机制。五个学习场的分工如下。

①信息场与知识场提供知识创新的空间。

②情感场提供学习行为的发生和维持的驱动力来源，自身带有知识协同加工过程的动力，在整个学习过程中起协调作用。

③行动场提供行为表现、活动展开和智慧生成的空间，是学习过程的延展和迁移。

④价值场的价值要通过集体和个人的价值观、人生观以及道德规范来体现。

价值场是主体对客观事物做出行为反应的基础，表征个体和群体在学习过程中的基本取向与追求。

因此，通过协同学习，在信息、知识、情感、行动和价值之间实现了有机整合与重新组合，对于个体与群体以内容为中介的深度互动及信息加工起到了推动作用，形成了深层次的知识建构。

祝智庭教授及其研究团队在协同学习理论的基础上又建立了协同学习系统元模型协同学习系统元模型是对协同学习的具体化分析，是在协同学习理论基础上形成的新型学习技术系统，更为数字互动课堂提供了全新的协同学习模式，也为学习者提供了新的学习方向和学习思路。

九、学习过程八阶段理论

加涅学习过程八阶段理论是美国教育心理学家罗伯特·加涅通过对学习过程进行研究提出的，该理论可以解释大部分的课堂学习过程，该过程分为以下八个阶段。

①动机阶段：激发学生学习动机。

②了解阶段：教师采用各种手段引起学生注意。

③获得阶段：教师提供给学生获得信息的策略，让其所学形成短时记忆。该阶段是学生温习旧知识、学习新知识的过程。教师指导学生进行选择性学习，使学生将精力集中到巩固或者学习知识上。

④保持阶段：学生获得信息形成长时记忆。

⑤回忆阶段：教师提供给学生利于记忆和回忆的方法和策略。

⑥概括阶段：学生对知识进行概括，为知识迁移到新环境做准备。该阶段通过教师指导，学生需加工概括形成自己的知识，即学生在训练过程中运用教师提供的策略形成自己的见解。

⑦操作阶段：教师提供任务，学生实际操作。

⑧反馈阶段：教师向学生提供任务，使学生了解是否达到预定目标。该阶段指学生测验后与教师进行交流，对目标差异进行改进。

十、移动学习理论和TEL（Technology Enhanced Learning）五定律

在"移动学习理论"和"TEL五定律"研究方面颇有成就的是黄荣怀教授及其团队。黄荣怀教授及其团队在教育信息化领域进行了大量理论与实践的研究，下面以其具有自主创新意义的理论成果为例进行分析。

（一）移动学习理论

以"移动学习"的概念为导向，经过进一步的综合研究，黄荣怀教授及其团队指出移动学习的内涵分为三种状态。

第一，移动学习是可使用便携设备的学习，同时也是发生在一定情境中的学习；第二，移动学习更应是一种综合性且与多种学习方式相结合的学习；第三，移动学习不应该局限于小屏幕输送或呈现内容，提倡对于学习发生的促进。

通过以上三种状态的解析，"移动学习"可以定义为"移动学习是在非固定的、非预先规划的时间和地点的非正式场所，利用移动设备与虚拟的和物理的世界交互发生的个人的、协作的或者混合方式的任何学习，也包括在正规场景中利用移动设备促进个体探究和协作"。

黄荣怀教授及其团队除了分析移动学习的内涵、定义、发生的条件及其基本特征外，对决定移动学习实施的制约性问题——"移动学习活动设计"进行了深入且长久的研究。为更具有权威性与说服力，黄荣怀教授及其团队对30多个国际移动学习项目及相关活动进行了分析，形成了具有创意性的"移动学习活动设计模型"（Mobile Learning Activity Design Model，MLADM），并详细阐述了此模型的六个相关因素：需求分析、聚焦学习者、学习场景设计、提供必要的技术环境、约束条件分析和学习支持服务，在此基础上还运用大量国际知名移动学习项目的实际学习活动案例进行论证。因此，移动学习活动设计不仅在理论方面说服力强，而且在实践方面具有更强的指导意义。

（二）TEL五定律

在"如何运用技术来支持学习"方面，黄荣怀教授及其团队的研究更是别具匠心，具体内容体现在以下几点。

①关于"学习情境"的内涵。学习情境是指对一个或一系列学习事件或学习活动的综合描述，学习情境的四个基本要素是学习时间、学习地点、学习伙伴、学习活动。而学习情境的核心内容为学习活动，学习活动又分为学习任务、学习方法与评价要求等。

②根据组成学习情境的因素，学习情境可分为课堂听讲、个人自学、研讨性学习、边做边学与基于工作的学习五种类型。

③关于有效学习活动，实际是指学习者在预期的时间内完成学习任务、达到学习目标的过程。要保证有效学习活动的顺利实施，需要具备五个基本条

件，即以真实问题为起点、以学习兴趣（意愿）为动力、以学习活动的体验为外显行为、以分析性思考为内隐行为、以指导和反馈为外部支持。

④掌握了"有效学习活动"的基本内容后，就可以把技术真正应用到促进学习（TEL）中。为保证实施效果，黄荣怀教授及其团队根据要求提出了需要满足的五定律，简称TEL五定律，包括数字化学习资源、虚拟学习社区、学习管理系统、设计者心理、学习者心理。TEL五定律的具体内容如下。

一是资源。如何吸引学习者主动浏览或"遍历"数字化学习资源，并进一步证明其教学效果要高于F2F（面对面），基于这一点提出了五个基本要求，即满足内容必需、难度适中、结构合理、媒体适当和导航清晰。

二是环境。如何保证学习者在虚拟的学习环境（Virtual Learning Environment, VLE）中可以自由地交流，并能产生优于现实环境的交流效果，基于这一点要满足的条件包括满足群体归属感、个体成就感和情感认同感。

三是系统。如何保障教师可以通过学习管理系统（Learning Management System, LMS）对学习过程实施有效管理，基于这一点要满足四个条件，即满足过程耦合、绩效提升、数据可信和习惯养成。

四是设计。熟知用户心理，做用户想要的、用户需要的，是设计成功实施的关键，因此课程资源、学习支撑平台、管理信息系统等的设计要从用户需求的角度出发。

五是"敞开式"辅导。由于学习者在学习过程中一般都不会主动寻求帮助，因此要改变被动的教学方式。

在信息化环境下，TEL五定律对于教学领域的教学设计人员和学习组织者有着理论和实践两方面的指导意义。

第二节　教育传播理论

一、基本原理

传播理论是现代信息技术教育的一个重要理论基础，其中的教育传播理念对现代信息技术教育的发展有着重要的指导意义。所谓教育传播，就是由教育者依据一定的目的、要求对合适的信息内容进行选择，然后通过有效的媒体通道将其向特定的教育对象进行传送的活动。

教育传播要取得好的效果，就必须要遵循一些原理，具体来说有以下几个。

第一，信息来源原理。一般情况下，权威之人或是有信誉之人所说的话更容易被人们所接受，因此教育传播的效果与资料来源有着密切的关系。在教育传播中，作为教育信息重要来源的教师要切实树立起自己的良好形象，以便被学生所认可和接受。同时要尽可能保证教学中所用的相关资料都有真实、可靠的来源。

第二，共同经验原理。教育传播从本质上来说就是传递与交换信息，而教育者和学生只有具有共同的经验，才能保证教育传播有良好的效果。

第三，重复作用原理。通常情况下，人们很难一次就记住所有需要记住的东西，而是需要不断对其进行重复。所谓重复作用，就是在不同的场合或用不同的方式对同一个概念进行重复呈现。

第四，抽象层次原理。相关研究表明，符号的抽象层次越高，越能简明地对更多的具体意义进行表达，但对其理解时也很容易产生误会。因此，在教育传播中，要保证各种信息符号的抽象程度在学生能够明白的范围之内。

二、传播过程

教育传播理论是从传播学发展出来的。因为教育的目的可以依赖传播而达到或受到影响，因而传播是一种教育的途径，而且是一种更为灵活的教育途径。

由于教育传播面向的对象主要是学习者，因而教育传播与大众传播就有了不同之处，即教育传播作用范围小，发挥作用直接，手段较简单，而且可以利用权威背景等。

传播过程中通常包括五个基本要素：传播者、信息、媒体、受传者和效果。

（一）传播者的任务

传播者在传播过程中处在发送信息的一端，主要任务是提供信息并对信息进行编码及处理反馈信息。

①提供信息：指在教学传播中，根据教学目标的要求选择和收集适当的信息内容，并以一种能使学生容易理解的方式组织和编排教学内容和材料。

②信息编码：指把要传递的信息内容（如知识、技能）转换为适宜传递的信号（声音信号、书写文字信号、图像信号等），以便传递出去。

③信息再反馈：当受传者把接收信息后的反应反馈给传播者后，传播者对学生的反应进行译码（认识、分析），然后对信息传播效果给予再反馈（提

出判断并反馈给学生）。在教学过程中，教师对学生学习知识的结果给予反馈是非常重要的。

（二）影响传播者传播能力的因素

传播者的传播技能、态度和学识水平是影响其传播能力的主要因素。

①传播技能：语言的传播技能包括说和写的技能，如说话的技巧、文字描述的技能、非语言传播技能（包括姿势、感情、动作等）。教学传播的成功，选择和运用媒体的技能水平，很大程度上依赖于教师的传播技能。

②态度：影响传播者传播能力的态度有三种，即对自己的态度、对学科的态度、对接受者的态度。传播者对自身知识水平和能力的自信心、积极的自我意识、对学科的了解程度、是否喜欢这门学科、是否感到它很重要，都会大大影响其传播能力。另外，教师对学生的态度也将影响他们和学习者之间信息交流的有效性。

③学识水平：对问题的熟悉程度、有关专门知识的掌握和研究情况、基本文化素质水平等直接影响对信息的处理能力，信息处理能力左右着人的信息传播能力。另外，个人的社会文化地位对传播能力的影响也是不言而喻的。

（三）传播过程的主要环节

教育传播并不是静态的，而是动态的，而且是一个连续的过程。

一般而言，一个完整的教育传播过程要经过以下几个环节。

①确定信息。确定信息是教育传播过程的第一步。一般来说，教育传播的信息需要依据教学的目的以及课程的培养目标来确定。

②选择媒体。选择媒体也就是信息编码的活动。在选择媒体时，要注意选择的媒体应容易得到，且能够将信息的内容准确地呈现出来，并且与学生的经验和知识水平相符合。

③通道传送。通道传送也就是运用媒体传达信息。在运用媒体传达信息时需要注意两个方面：一是要对信号的传递要求进行充分考虑，以确保信号的传递有较高的质量；二是要提前对信息传递的结构进行设计，以尽量减少可能出现的干扰。

④接收与解释。接收与解释也就是信息译码的活动，即依据自身的经验和知识将收到的信号解释为信息并储存在大脑中。

⑤评价与反馈。评价有利于衡量是否达到了预定的教学目的。一般来

说，评价有多种方式和方法，既可以通过课堂提问、课后书面作业进行评价，也可以通过观察学生的行为变化进行评价。评价之后，需要对这一传播过程进行一定的反馈。

⑥调整再传送。通过上一阶段的评价反馈，可以发现教育传播过程中的不足，采取一定的措施进行调整，并进行再次传送。

在计算机和信息技术快速发展的现代社会，教育传播理论的产生与发展极大地促进了以计算机网络等为载体的远程教育的发展。在当前，远程教育的发展速度不断加快、规模不断扩大，并日益成为学校进行教学以及人们进行学习的重要方式。

三、传播效果

衡量传播效果主要有影响范围和影响深度两种指标。影响深度一般分为三个层次，即浅层、较深层和深层。浅层传播效果一般以受传者对传播内容的知晓度来衡量。较深层传播效果一般以受传者对传播内容的知晓度、理解度和对传播观点的赞同度来衡量。深层传播效果以受传者对传播观点的支持度和拥护度来衡量。

传播学关于评价传播的研究有相当的实用价值。衡量传播效果的五种"度"对教育评价具有非常有益的启示，比如在教育评价中使用"了解"一词，在传播学的评价中用"知晓"一词。但是"知晓"与"了解"的含义是有差异的，在泛读学习的评价中可以采用类似的表述。需要说明的是，衡量传播效果的五个"度"应用在教育传播的评价过程中时，一般要限制在"浅层"这个层次，因为在学校里，深层次的教育会放在正式的教育过程中。

四、传播模式

（一）互向传播模式

这种传播模式注重人际传播或群体传播，即注重双向和相互作用的传播，强调在任何研究中都必须同时重视信息来源、传播者和接受者。但是，目前学校教育中传播的单向化现象还是普遍存在的，应该在新技术的应用中加以改善。

（二）大众传播模式

这种模式有两个主要特点对教育传播有意义：第一，注意来自媒介的

"压力"；第二，接受者心目中媒介的形象，如接受者的自我形象和个性结构、接受者的社会环境。

在学校教育中，有必要对学生形成在允许范围内的压力，而传播是形成压力的适当方法。

（三）罗杰斯-休梅克的创新扩散模式

创新扩散模式是关于传播和发展之间关系的学说。它基于一种假定，即创新扩散应有四个环节。第一是知晓，个体有创新的需要，了解创新的存在和功能。第二是劝服，要使个体对创新表示出赞同或反对的态度。第三是决策，要使个体对采纳或拒绝做出选择。第四是证实，要使个体加强或修改已经做出的决定。在创新教育的需求中，利用这种模式可以扩大学生的知识面与视野。

（四）拉斯韦尔传播理论模式

1948年，美国政治学家哈罗德·拉斯韦尔发表了《社会传播的结构与功能》一书，提出著名的典型线性传播理论，即"5W"理论，指出完整的传播系统包括以下五个要素。

①谁——Who。

②说什么——Says What。

③经过什么途径——In Which Channel。

④对谁说——To Whom。

⑤有什么效果——With What Effect。

将拉斯韦尔的传播理论引入教学领域后，传播过程的五个基本要素对教学设计具有重要的指导作用，如表2-1所示。

表2-1　"5W"传播模型与教学传播过程分析

5W	含义	传播要素	教学传播过程要素
Who	谁	传播者	教师或其他教学信息源
Says What	说什么	信息	教学内容
In Which Channel	经过什么途径	媒体通道	教学媒体
To Whom	对谁说	受体	教学对象
With What Effect	有什么效果	效果	教学效果

1958年，美国传播学者布雷多克提出了新的传播模式，即"7W"模型，每个W都相当于教学过程中的一个相应要素。这些要素自然也成为研究教学过程、教学资源应关心考虑的重要因素，为教学设计提供了重要的思路，适用于分析教学传播过程，如表2-2所示。

表2-2 "7W"传播模型与教学传播过程分析

7W	含义	传播要素	教学传播过程要素
Who	谁	传播者	教师或其他教学信息源
Says What	说什么	信息	教学内容
In Which Channel	经过什么途径	媒体通道	教学媒体
To Whom	对谁说	受体	教学对象
With What Effect	有什么效果	效果	教学效果
Why	为什么	目的	教学目的
What Environment	在什么情况下	环境	教学环境

（五）香农-韦弗传播理论模式

香农-韦弗传播理论模式由美国的两位信息学者香农和韦弗提出，是对信息传播的进一步研究。在该传播理论模式中，传播共分为七个部分，整个信息的传播过程为信源（传播者）对信息进行编码，并通过信道传出，受传者收到信号，产生生理和心理反应，并运用各种方式，通过媒体"反馈"传回给传播者。

香农-韦弗传播理论是一个带有反馈的双向传播模式，从传播模式中可以看出，有效的传播不仅是发送信息，还要通过反馈从接受者那里获取反馈信息，以便调整发送出去的信息。

教学信息的传播也具有双向性和互动性，具体是通过教师和学生双方的传播行为来实现的。因此，教学过程的设计必须重视"教"与"学"两个方面，必须注重教学的双向互动性，保持师生之间的良好沟通，注重学生的问题反馈。通过分析反馈信息，随时调控"教"与"学"，以促进教学过程的不断完善。

（六）韦斯特莱传播理论模式

韦斯特莱的传播理论模式是一种控制论的模式，强调传播行为应有目的、有计划地进行。

韦斯特莱传播理论对信息传播过程与效果控制的重点，在于对传播的信息进行筛选与过滤、注意传播反馈两个方面。

在教育领域对韦斯特莱传播理论的应用过程中，教师要获得最佳教学效果必须听取来自各方面的意见，必须注意收集、整理与分析各种反馈信息；并注重从教学整体出发，科学调控整个教学信息传播过程，以不断优化教学信息传播过程与效果。

（七）贝罗传播模式

贝罗模式，也叫SMCR（Source Message Channel Receiver）模式，是用以阐明思想传播系统结构的一个静态模式。

美国思想传播学者贝罗在对信息传播的研究中强调传播的重要作用，并指明影响各个要素传播功能的条件具体包括传播技术（语言的清晰度与说话技巧、文字技巧、思维缜密度、手势与表情表现等）、态度（自信心、爱好、双方的了解程度等）、知识（传者与受者对传播信息的了解程度等）、社会系统（传者与受者的社会地位等）、文化（传者与受者的文化背景）等。

贝罗传播模式适用于研究和解释教育教学传播系统的要素与结构，教学传播系统的S—M—C—R具体表现为教师—教学内容—教学媒体—学生。

教学传播过程是一个连续动态的过程，一个完整的传播过程包括多方面的要素。运用现代传播理论对教学过程进行设计，能够更好地发挥传播技术的作用，更好地实现师生之间的沟通与交流，促进教学内容更好地传授给学生。

现代教育教学过程中，随着传播学和教育学的不断结合，人们常把教学看成信息的传播过程，形成了综合运用传播学和教育学的理论与方法，以教育信息传播活动的过程与规律为实现教育效果提供理论指导。

由于现代教育技术为现代教育传播提供了很有利的工具手段，而教育的研究与传播的研究又能互补，因此，现代相对封闭的教育和今后十分开放的教育都能从教育传播中获得有益的帮助。

第三节　视听教育理论

1946年，美国教育技术专家埃德加·戴尔在《视听教学法》中总结了一系列视听教学理论。由于他把人类获取知识的各种途径和方法概括为一个"经验之塔"来进行系统描述，因此，人们又将这一理论称为经验之塔理论，主要包括以下几个层面的经验。

一、第一层：做的经验

网络化时代使做的经验包含了一定的虚拟成分，有些事情我们在虚拟的网络世界同样可以获得做的经验。例如，驾驶汽车时，我们可以获得做的经验，同样也可以在计算机上体验驾驶的感受，并且更轻松、更随意、更有趣，与驾驶真实汽车的感受相差无几，一样能获得做的经验。

做的经验一般包括有目的的直接经验、设计的经验、参与演戏三个部分。

设计制作模型也可以通过计算机软件来完成。例如，用AutoCAD软件做的建筑模型，用3ds MAX做的人体模型、动物模型、汽车模型，等等，这同样都可以获得设计的经验。网络化使演戏的经验变得更容易获得，现在的许多网络游戏都有很强的参与性，游戏参与者可以随意选择自己感兴趣的角色来扮演。

二、第二层：观察的经验

观察的经验一般包括观摩示范、野外旅行、参观展览、电影与电视、广播、录音、照片、幻灯等部分。

对于观察示范、野外旅行、参观展览等的经验，我们当然可以从现实的实际活动中获得，但进入网络化时代后，所有这些经验从网络中都很容易得到。例如，我们想学习某一计算机软件，网络上的许多教程就可以一步一步地为我们示范怎样操作。

同样，网上的展览也给我们一种身临其境的感觉，现在许多网上的展览已不再是单纯地展示图片，而是展示三维立体模型，可以从各个角度来观看和欣赏。如参观房展，我们不但可以从外观来了解，并且可以进入室内各个房间全方位进行参观。

对于电视、电影和录音、广播，由于信号和传输的数字化，它们之间已不再有明显的区别（除了电视和广播有一定的即时性外）。网络使音视频的传播省掉了许多中间环节而变得简单快捷，网络使影视离我们越来越近，并且学习者可以根据自己的不同需要做出不同的选择。电脑动画的出现使许多原本抽象的理性的内容形象化，电脑动画不仅可以表现现实中的一些事物，而且还可以展现想象中的虚幻的内容。这就使学习者对许多抽象的知识更容易认识和理解。

三、第三层：抽象的经验

抽象的经验包括视觉符号、言语符号。

语言、文字等信息的数字化，使其存储、检索、传播变得更方便、更简单。电子图书馆是网络信息资源的重要组成部分，它可以向学习者提供电子图书、电子杂志和报纸等各种参考资料，具有图文检索和工程检索功能。学习者可以通过电子图书馆查阅世界各地的馆藏图书目录、书籍、期刊、音像制品和相关的文献资料。

比如，因特网上的"白宫图书馆"，用户从中可以查询其保留的大量文献及一些公开的历史档案，既可以看到当年颁布《独立宣言》的原始资料，也可以通过图片浏览费城会议大厅等。

第四节 系统科学理论

一、耗散论

1969年，比利时物理化学家伊利亚·普利高津发表了研究报告《结构、耗散和生命》，创立了耗散结构理论。其基本内涵是，根据热力学第二定律，一个孤立系统的熵值是不断增加的，但是，一个远离平衡的开放系统，当外界条件变化达到某一特定阈值时，系统能够通过不断从外界输入能量和物质，消耗系统内产生的熵，通过自组织将无序状态转化为有序状态，形成远离平衡态的、稳定有序的系统耗散结构，耗散结构形成的条件是开放性、远离平衡态、非线性耦合。普利高津提出Brusselator模型阐释系统耗散结构演化过程，用于检验系统耗散结构形成状态。

系统耗散结构模型源于化学动力学原理，但并不局限于化学系统，而具有普遍的适用性。

二、控制论

控制论是美国应用数学家维纳于1948年在他的名著《控制论：或关于在动物和机器中控制和通信的科学》中提出的。控制的基础在于信息，没有信息，控制就会是盲目的，就不能够达到控制的目的，控制正是要从有关的信息中寻找正确的方向和策略。信息不但是控制的基础，同时又是控制的出发点、前提和控制的归宿。正因为如此，维纳才把控制论定义为动物与机器中的控制与通信问题，并且指出，这类问题的关键并不是围绕着电工技术，而是围绕着更为基本的信息概念——工程中的控制理论，不论是人、动物还是机器，都不过是信息理论中的一部分罢了。

　　控制论是研究各类系统的调节和控制规律的科学。它是自动控制、通信技术、计算机科学、数理逻辑、神经生理学、统计力学、行为科学等多种科学技术相互渗透形成的一门横断性学科。它研究生物体和机器以及各种不同基质系统的通信和控制的过程，探讨它们共同具有的信息交换、反馈调节、自组织、自适应的原理和改善系统行为、使系统稳定运行的机制，从而形成了一大套适用于各门科学的概念、模型、原理和方法。

　　控制论的研究表明，无论是自动机器，还是神经系统、生命系统，以至经济系统、社会系统，撇开各自的质态特点，都可以看作一个自动控制系统。

　　在这类系统中有专门的调节装置来控制系统的运转，维持系统的稳定和系统的目的功能。控制机构发出指令，作为控制信息传递到系统的各个部分（即控制对象）中去，由它们按指令执行之后再把执行的情况作为反馈信息输送回来，并作为决定下一步调整控制的依据。这样我们就看到，整个控制过程就是一个信息流通的过程，控制就是通过信息的传输、变换、加工、处理来实现的。

　　反馈对系统的控制和稳定起着决定性的作用，无论是生物体保持自身的动态平稳（如温度、血压的稳定），或是机器自动保持自身功能的稳定，都是通过反馈机制实现的。反馈是控制论的核心问题。控制论就是研究如何利用控制器，通过信息的变换和反馈作用，使系统能自动按照人们预定的程序运行，最终达到最优目标的学问。控制论是具有方法论意义的科学理论。控制论的理论、观点可以成为研究各门科学问题的科学方法，撇开各门科学的质的特点，把它们看作一个控制系统，分析它的信息流程、反馈机制和控制原理，往往能够寻找到使系统达到最佳状态的方法。这种方法称为控制方法。

　　控制论的主要方法还有信息方法、反馈方法、功能模拟方法和黑箱方法等。

　　信息方法是把研究对象看作一个信息系统，通过分析系统的信息流程来把握事物规律的方法。

　　反馈方法则是用反馈控制原理分析和处理问题的研究方法。所谓反馈控制就是由控制器发出的控制信息的再输出发生影响，以实现系统预定目标的过程。正反馈能放大控制作用，实现自组织控制，但也使偏差愈益加大，导致振荡。负反馈能纠正偏差，实现稳定控制，但它会减弱控制作用，损耗能量。

　　功能模拟方法是用功能模型来模仿客体原型的功能和行为的方法。所谓功能模型就是只以功能行为相似为基础而建立的模型。如猎手瞄准猎物的过程与自动火炮系统的功能行为是相似的，但二者的内部结构和物理过程是截然不同的，这就是一种功能模拟。功能模拟方法为仿生学、人工智能、价值工程提供了科学方法。

黑箱方法是控制论的主要方法。"黑箱"就是指既不能打开箱盖，又不能从外部观察内部状态的系统。黑箱方法就是通过考察系统的输入与输出关系认识系统功能的研究方法。它是探索复杂大系统的重要工具。

控制论诞生后，得到了广泛的应用与迅猛的发展，大致经历了以下三个发展时期。

第一个时期是20世纪50年代的经典控制论时期。这个时期的代表著作有我国著名科学家钱学森在美国出版的《工程控制论》和美国应用数学家维纳的《控制论》。

第二个时期是20世纪60年代的现代控制论时期。导弹系统、人造卫星、生物系统研究的发展，使控制论的重点从单变量控制到多变量控制，从自动调节向最优控制、由线性系统向非线性系统转变。美国数学家卡尔曼提出的状态空间方法以及其他学者提出的极大值原理和动态规划等方法，形成了系统测辨、最优控制、自组织、自适应系统等现代控制理论。

第三个时期是20世纪70年代后的大系统理论时期。控制论由工程控制论、生物控制论向经济控制论、社会控制论发展。1975年国际控制论和系统论第三届会议讨论的主题就是经济控制论的问题。1978年的第四届会议，主题又转向了社会控制论。电子计算机的广泛应用和人工智能研究的开展，使控制系统显现出规模庞大、结构复杂、因素众多、功能综合的特点，控制论从而也向大系统理论发展。在1976年国际自动控制联合会的学术会上，专题讨论了"大系统理论及应用"问题。

控制论也形成了工程控制论、生物控制论。其中生物控制论又分化出神经控制论、医学控制论、人工智能研究和仿生学研究。社会控制论则把控制论应用于社会的生产管理、效能运输、电力网络、能源工程、环境保护、城市建议，以及社会决策等方面。维纳在1950年出版的《人有人的用处：控制论与社会》一书中着重论述了通信、法律、社会政策等与控制论的联系。英国神经生理学家及控制论学家阿什比1958年发表的《控制论在生物学和社会中的应用》一文，认为运用非线性系统的控制理论，可以研究社会系统。控制论具有十分重要的理论意义和实践意义，它体现了现代科学整体化发展趋势，为现代科学技术提供了新的思路和科学方法。

三、突变论

1972年，法国数学家勒内·托姆的著作《结构稳定性和形态发生学》全面阐述了突变论。突变论研究自然界和人类社会中的连续渐变如何引起突变现象，并用数学模型来描述、预测和控制这些突变。突变论认为系统可以通过突变和渐变两种方式来实现自身的演化，如果系统质变的过程中存在不稳定阶段就会产生突变，如果过程是连续稳定的就会发生渐变。控制条件是演化方式的关键因素，系统演变是突变过程还是渐变过程取决于约束条件的控制，系统约束条件一旦进入突变区域就有可能产生突变，在严格控制约束条件的情况下，系统可以选择不同的演化方式。

四、协同论

1977年，德国物理学家哈肯发表著作《协同学导论》，形成协同论的基本框架。协同论研究事物之间的协同机理，着重探讨各种系统从无序变为有序的规律性，该理论认为，一个系统由无序转化为有序的关键是存在协同作用，序参量是系统内变化较慢的变量，是系统状态的决定性力量，快变量受其支配，当系统无序时，序参量为零，随着系统有序性的增强，序参量不断增大，序参量决定着系统演变的最终结构状态和有序程度。

哈肯协同论建立了一整套数学计量工具，用于鉴别序参量，哈肯的序参量演化方程模型包括两个参量、两个系统。

五、信息论

信息论是关于信息的本质和传输规律的科学的理论，是研究信息的计量、发送、传递、交换、接收和储存的一门新兴学科。信息论的创始人是美国贝尔电话研究所的数学家香农，他为解决通信技术中的信息编码问题，突破老框架，把发射信息和接收信息作为一个整体的通信过程来研究，提出通信系统的一般模型；同时建立了信息量的统计公式，奠定了信息论的理论基础。

1948年，香农发表的《通信的数学理论》一文，成为信息论诞生的标志。申农创立信息论，是在前人研究的基础上完成的。

1922年，卡松提出边带理论，指明信号在调制（编码）与传送过程中与频谱宽度的关系。

1922年，哈特莱发表《信息传输》一文，首先提出消息是代码、符号，而不是信息内容本身，将信息与消息区分开来，并提出用消息可能数目的对数来度量消息中所含有的信息量，为信息论的创立提供了思路。

美国统计学家费希尔从古典统计理论角度研究了信息理论。控制论创始人维纳建立了维纳滤波理论和信号预测理论，也提出了信息量的统计数学公式，甚至有人认为维纳也是信息论创始人之一。

信息论可以分成两种：狭义信息论与广义信息论。狭义信息论是关于通信技术的理论，它是以数学方法研究通信技术中关于信息的传输和变换规律的一门科学。广义信息论则超出了通信技术的范围来研究信息问题，它以各种系统、各门科学中的信息为对象，广泛地研究信息的本质和特点以及信息的取得、计量、传输、存储、处理、控制和利用的一般规律，人们也称它为信息科学。显然，广义信息论包括了狭义信息论的内容，但其研究范围却比通信领域广泛得多，是狭义信息论在各个领域的应用和推广，因此，它的规律也更一般化，适用于各个领域，所以它是一门横断学科。

信息一般具有可识别、可转换、可传递、可加工处理、可多次利用在流通中扩充、主客体二重性等特征。信息是物质相互作用的一种属性，涉及主客体双方；信息表征信源客体存在方式和运动状态的特性，所以它具有客体性、绝对性；但接受者所获得的信息量和价值的大小，与信息主体的背景有关，表现了信息的主体性、相对性、能动性。信息的产生、存在和流通，依赖于物质和能量，没有物质和能量就没有能动作用。信息可以控制和支配物质与能量的流动。

信息方法就是运用信息观点，把事物看作一个信息流动的系统，通过对信息流程的分析和处理，获得对事物复杂运动规律认识的一种科学方法。它的特点是撇开对象的具体运动形态，把它作为一个信息流通过程加以分析。信息方法着眼于信息，揭示了事物之间普遍存在的信息联系，对过去难于理解的现象从信息观点角度做出了科学的说明。信息论为控制论、自动化技术和现代化通信技术奠定了理论基础，为研究大脑结构、遗传密码、生命系统和神经病理开辟了新的途径，为管理的科学化和决策的科学化提供了思想武器。

信息方法为认识当代以电子计算机和现代通信技术为中心的新技术革命的浪潮，为认识论的研究和发展打下基础，将进一步提高人类认识与改造自然界的能力。

六、系统论

系统论是研究现实系统或可能系统的模式、规律和性质，并对其功能进行数字描述的科学。一个系统是相互作用和相互关联的一组单位或要素，这种相互作用和相互关联既包含结构又包含过程。结构是指各单位或要素的构成，诸如超系统或亚系统等；过程是指一段时间内结构的变化。系统论的主要任务是以系统为研究对象，从整体出发来研究系统整体和组成系统整体各要素的相互关系，从本质上说明其结构、功能、行为和动态，以把握系统整体，达到最优目标。

古希腊时期的哲学家已经形成了朴素的系统概念，用以表示各个部分组成整体，并努力把握系统的整体和部分的关系。在近代科学所做的分类工作中，也充分发挥了系统概念的作用，因为分类就是把获得的材料编为确定的系统。瑞典生物学家林奈于1735年提出的动植物分类系统，都是当时科学上的重要系统。

现代科学系统论的创始人是著名的美籍奥地利生物学家贝塔朗菲。1937年，他在美国芝加哥大学一次哲学问题讨论会上，首先提出"一般系统论"的概念，1945年3月他公开发表的论文《一般系统论的基础、发展和应用》，全面阐述了他的系统思想，这是目前比较完整的论述系统论的著作。

由贝塔朗菲创建的现代科学系统既包含闭合系统又包含开放系统。闭合系统具有不可渗透的界限，在那里不可能有任何能量或信息的传递。开放系统具有可渗透性，在那里能量或信息可以通过界限传递。开放系统的特性具体表现如下：

①超系统的系统中的系统结构，系统的层次结构或分级水平。

②宏观决定论的意义，即高层次系统控制低层次系统的功能。

③结局相等性，即可以通过各种不同的途径达到同一目标。

④系统的相对稳定状态，即不管外部变化而保持动态平衡的能力。

现代科学系统论的基本原则包括以下三点。

①整体性原则，即把对象作为由各个组成部分构成的有机整体，研究整体的构成及其发展规律。

②最优化原则，即从多种可能的途径中选出最优化系统方案，使系统处于最优状态，达到最优效果。

③模型化原则，即运用系统方法时，一般要设计出系统模型来代替真实系统，通过对系统模型的研究来掌握真实系统的本质和规律。

现代科学系统论已不同于古典系统概念，它体现了20世纪40年代生物学、通信技术和控制论的发展，表明了与生产力迅猛发展相结合的现代科学整体化趋向，而且现代科学系统论由数学的精确定义加以表述，它使用了许多不同的数学方法，如代数、拓扑学、微分方程矩阵、图论、概率论等。

七、静态集合论

"静态集合论"是将系统科学理解成系统科学各种理论静态的集合，具体包括系统论、控制论以及混沌学等，主要是指在研究"系统"各层面规律的基础上梳理比较集中的学科，由此顺利构建系统科学理论体系。对于"静态"的含义，其并非指将系统视为静态的，而是将不同类型的各种理论集中起来。这里主要阐述几种典型的观点。

第一，钱学森的观点。1979年底，钱学森在我国率先提出系统科学研究，同时明确说明尽早建立系统科学体系的必要性与意义。钱学森指出，系统科学就是持有局部与整体、局部与系统的态度对客观世界展开研究，同时他指出系统科学的特点就是系统的观点，换句话说，系统科学就是把系统当成出发点或立场来认识和理解客观世界。

钱学森系统科学体系是我国首个达到系统化要求的系统科学体系，充分夯实了我国系统科学持续发展的理论基础。钱学森不单单说明了系统科学的基本方法，其最突出的贡献是将系统科学置于巨大的学科门类中，反复研究并说明了系统科学和哲学以及其他具体科学存在的联系与区别，这属于系统科学最显著的特点。除此之外，钱学森的创建还包括他将系统科学分成了三个组成部分，分别是系统学、技术科学和工程技术。

立足于全局分析，钱学森为我国系统科学的发展注入了很大的活力，是我国系统科学领域的开拓者。他不单单在组织学术共同体、构建我国系统科学流派两个方面发挥了不容忽视的作用，也为我国引进了其他国家的成功经验与思想，为我国创立系统科学体系做出了不容忽视的贡献。

第二，许国志的观点。准确地说应该是许国志等人的观点，还包括顾基发、陈禹、苗东升、姜璐、谭跃进。他们主编的《系统科学》是国内较有代表性的系统科学教材，诸多国内系统科学研究的专家学者参与了该书的编写工作。该书是系统科学理论体系的践行者。

他们认为"系统科学是探索整体涌现性发生的条件、机制、规律以及如何利用它来造福人类的方法的知识体系""整体观点是系统思想最核心的观点，系统科学是关于整体性的科学""系统科学主要研究不可逆的过程，系统演化理论是关于不可逆过程的理论"。

另外，他们也认为从二十世纪六十年代之前的一般系统论、信息论、控制论、运筹学，同时还包括系统工程、系统分析等，到二十世纪七八十年代的耗散结构、协同学、超循环理论，再到突变论、混沌学、分形学等都属于系统科学的理论体系。

第三，苗东升的观点。对于系统科学理论，苗东升对钱学森提出的观点大体认同，同时在此基础上取得了一些发展成果。苗东升指出，系统科学是和整体涌现性存在联系的科学，是把还原论设定为根本方法论的第一维科学相对应的"以涌现论为根本方法论的第二维科学，系统科学则是为新型科学建立方法论的学科"。

在此基础上，苗东升指出，系统科学是由很多不同层次的学科构成的一大门新兴科学。他又指出，包括一般系统论、博弈论、突变论以及开放的复杂巨系统理论在内的很多理论都是系统科学的分支学科。

八、动态集合论

动态集合论和静态集合论的不同：动态集合论把历史演化问题摆在尤为重要的位置上，具体就是侧重于站在历史演化立场归纳系统科学各项理论，但动态集合论的集合论层次和静态集合论一致。持有动态集合论观点的学者和专家较少，具有代表性的学者是李曙华，具体观点如下。

李曙华指出，系统科学是一个拥有横断学科性质的新兴科学群，主要经历了三个发展阶段：第一阶段主要是包括控制论、信息论、系统论在内的"老三论"，换句话说就是系统理论；第二阶段主要是包括耗散结构、协同学和突变论在内的"新三论"，也被称为自组织理论；第三阶段主要是混沌、分形和孤立波为主干的非线性科学。第一阶段、第二阶段、第三阶段统称为系统科学。

后来，李曙华将复杂网络研究纳入系统科学体系中。她指出，系统科学是以群体研究设定为基础，进而揭示系统作为整体的进化律。系统科学立足于系统视角，将研究对象设定为系统整体，具体就是撇开对象在其他层面的详细特性，仅仅抽象出存在系统意义的共同现象或者问题，在纯粹"系统"的意义上探索分布在所有领域的系统现象，对有关系统的普遍规律以及常见原理的科学展开深入研究。最后，李曙华提出"生成论的系统科学体系"。

在系统科学研究过程中，李曙华最有独创性的研究是在生成论视野下完成了对系统科学体系的重整工作以及建构工作。她指出，系统科学之"生成科学"的意蕴清晰地说明了理论本身的生成和理论内在的生成内涵，同时在此基础上提出系统生成论的逻辑起点——生成元，"建构生成科学的设想"应运而生。除此之外，李曙华全方位阐述了作为范式的系统科学和原经典科学之间的联系与区别。

第三章　现代教育信息化的技术基础

20世纪后期，各种新技术不断兴起并得到发展，这使得我们的整个世界和社会都被重新塑造。多媒体技术、计算机网络技术等使人类步入了网络信息革命时代，这也对现代教育信息化的相关技术产生了重要影响。本章分为多媒体技术、计算机网络技术、虚拟现实技术三部分，主要内容包括多媒体技术的相关概念及主要特征、多媒体系统的核心技术、计算机网络的定义及功能、计算机网络的分类、虚拟现实技术的基本概念及特性、虚拟现实技术在教育中的应用等方面。

第一节　多媒体技术

一、多媒体技术的相关概念

（一）媒体

媒体（Media），又称媒介，是指承载或传递信息的载体。媒体的定义具有两层含义：其一，媒体是承载信息的物体，也可以理解为人类用于获取信息或传递信息的工具或技术方法，如日常生活中大家熟悉的报纸、图书、杂志、广播、电影、电视、硬盘和光盘均是媒体；其二，媒体指信息的表示形式或传播形式，如文本、图像、声音、视频和动画等。目前，主要的媒体包括电视、广播、报纸、互联网等。

媒体形式具有一定的领域特征。同样的多媒体信息，在不同领域中采用的媒体形式是不同的：书刊领域采用的媒体形式是文字、表格和图片，绘画领域采用的媒体形式是图形、文字和色彩，摄影领域采用的媒体形式是静止图像、色彩，电影、电视领域采用的媒体形式是图像或运动图像、声音和色彩。

上面所讲述的这些传统媒体与计算机中的媒体还有差别，计算机领域中采用的是文本、图像、图形、视频、音频、动画等媒体形式，这些媒体形式相当于"媒体语言"的功能，每一种媒体语言都由各自的基本元素组成，遵循各自特有的规律，帮助人们进行知识和信息的交流。

（二）多媒体

多媒体一词译自英文Multimedia，顾名思义，多媒体是多种媒体信息的综合，信息借助组合两种或两种以上的媒体为人机交互提供数据信息或传播方法。在信息领域中，多媒体是指文本、图形、图像、音频、视频和动画等这些"单"媒体通过计算机程序融合在一起形成的信息媒体，其含义是指运用存储与获取技术得到的计算机中的数字信息。

（三）多媒体技术

通常，人们谈论的多媒体技术往往与计算机联系在一起，这是由于计算机的数字化和交互式处理能力极大地推动了多媒体技术的发展。目前，可以把多媒体技术看成先进的计算机技术与视听技术、通信技术融为一体而形成的一种新技术。

多媒体技术就是将文本、图形、图像、音频、视频和动画等多种媒体信息通过计算机进行数字化采集、编码、存储、传输、处理、解码和再现等，使多种媒体信息进行有机融合并建立逻辑连接，使得用户可以通过眼睛、耳朵等感官与计算机进行交互的技术，所以多媒体技术又称为计算机多媒体技术。

二、多媒体技术的主要特征

多媒体技术的内涵、范围和所涉及的技术极其广泛，其特征主要包括信息媒体的多样性、集成性、交互性、同步性和实时性等几个方面。

（一）多样性

多媒体技术涉及多样化的信息，信息载体自然也随之多样化。多种信息载体使信息在交换时有更灵活的方式和更广阔的自由空间。多样性使得计算机处理的信息空间范围扩大，不再局限于数值、文本或特殊的图形和图像，而是可以借助于视觉、听觉和触觉等多感觉形式实现信息的接收、产生和交流，进而能够根据人的构思和创意进行交换、组合和加工来综合处理文字、图形、图像、声音、动画和视频等多种形式的媒体信息，以获得生动、灵活和自然的效果。

（二）集成性

多媒体的集成性主要表现在多媒体信息（文字、图形、图像、语音及视频等）的集成和操作的软件和设备的集成上。多媒体不仅仅表现为媒体形式的多样性，而且各种媒体形式在计算机内是相互关联的，如文字、声音和画面的同步等。多媒体计算机系统应具有能够处理多媒体信息的高速CPU、大容量的存储设备及适合多媒体数据传输的输入/输出设备等。

（三）交互性

交互性是多媒体技术的关键特征。它使用户可以更有效地控制和使用信息，增加对信息的关注和理解。众所周知，一般的电视机是声像一体化的、把多种媒体集成在一起的设备。但它不具备交互性，因为用户只能使用信息，不能自由地控制和处理信息。当引入多媒体技术后，借助于交互性，用户可以获得更多的信息。借助于交互性，人们不是被动地接受文字、图形、声音和图像，而是可以主动地进行检索、提问和回答，这种功能是一般的家用电器所不能实现的。

（四）同步性

由于多媒体系统需要处理各种复合的信息，因此多媒体技术必然要支持实时处理。接收到的各种信息在时间上必须是同步的，其中语音和活动的视频图像必须严格同步。

（五）实时性

实时性是指在多媒体系统中多种媒体之间无论在时间上还是在空间上都存在着紧密的联系，是具有同步性的群体。例如，多媒体技术可以对声音及图像这两种完全由不同媒体承载的信息进行同步、实时的处理。这样，在人的感官系统允许的情况下，进行多媒体交互，就好像面对面一样，图像和声音都是连续的。

三、多媒体系统的核心技术

多媒体技术的实质就是对图、文、声、像等信息进行综合处理。这就要求计算机具有表现、处理、存储多种媒体信息的综合能力。因此，多媒体的关键技术应该包括跨媒体技术、多媒体同步技术、多媒体信息存储技术、多媒体数据库技术等。

（一）跨媒体技术

近年来人们研究的跨媒体技术建立在多媒体技术基础上，寻求平面媒体、立体媒体和网络媒体相结合的多媒体资源整合与信息融合，最大限度获取不同媒体间的关联性和协同效应、互补性和多维互动性，从而实现识别、检测、检索、发布，以及发现重构、共生新用等功能，高效地使用各种媒体。

跨媒体涉及大量学科的交叉性研究，如智能信息处理、数据挖掘与知识发现、机器学习、多媒体处理、模式识别、检索引擎和数据库技术等。目前存在的主要技术难点有，跨媒体知识的发现与表达技术，跨媒体知识的推理与重构技术，跨媒体统一的表示结构，跨媒体信息的融合、识别技术，各种媒体特别是视频、动画等复杂媒体的信息挖掘、智能处理与高效检索技术，跨媒体海量信息的综合检索，等等。

（二）多媒体同步技术

多媒体技术需要同时处理声音、文字、图像等多种媒体信息，因此，在多媒体技术应用中，多媒体同步技术十分重要。多媒体同步技术可分为媒体内同步技术、媒体间同步技术和人机交互同步技术。其中媒体内同步是底层同步，指一个依赖时间的媒体对象的逻辑数据单元（Logic Data Unit，LDU）的时间关系。媒体间同步是中层同步，侧重于不同媒体对象在合成表现时对时间关系的描述，如视频会议中的"唇"同步（Lip Synchronization）和指针同步（Point Synchronization）。媒体间同步的关键是时间合成。交互同步是用户层同步，指不同媒体对象和交互对象之间的同步。

（三）多媒体信息存储技术

多媒体技术需要进行声音和图像信息的压缩与解压缩处理以及完成图像的特技效果处理、语音信息处理、图形处理等，这些都需要使用大规模集成电路芯片。

多媒体计算机专业芯片可以分为两类：一类是具有固定功能的芯片，它只能完成固定的压缩算法，主要用于图像的压缩处理，其成本较低，使用方便，存在功能单一的缺点；另一类是可编程的处理器，可以通过编程来改变处理功能，实现不同的压缩算法。

　　数字化的媒体信息虽然经过压缩处理，仍然包含大量的数据。视频图像在未经压缩处理时，每秒播放的数据量约为28MB，经压缩处理后每分钟的数据量则约为8.4MB，所以40MB容量的空间只能存储不到5分钟的视频图像。因此，多媒体信息存储技术也十分重要。近年来光存储技术的发展带动了多媒体大容量存储技术的进步。光存储技术是指通过光学的方法读出或写入数据的技术，如CD-ROM技术。

（四）多媒体数据库技术

　　传统的数据库管理系统不能有效地处理复杂的多媒体数据，因而要求使用新的多媒体索引和检索技术。关系数据库的理论与方法推动了数据库技术的研究与发展，在信息管理领域发挥了关键作用，但它在处理非格式化数据方面不理想，而多媒体数据大多是非格式化数据。

　　多媒体数据库除了要处理结构化的数据外，还要处理大量非结构化数据。随着多媒体技术的发展、面向对象技术的成熟及人工智能技术的发展，多媒体数据库、面向对象的数据库及智能化多媒体数据库的发展越来越迅速，它们将进一步发展或取代传统的关系数据库，形成对多媒体数据进行有效管理的新技术。

（五）多媒体信息检索技术

　　多媒体数据呈爆炸性增长，文本、图像、语音和视频等各种形式的多媒体信息都将被放到网上，这些信息的无序使用户在搜索和管理上都非常不方便。如何建立多媒体信息的检索和查询系统，迅速找到人们所需要的信息，目前的技术主要集中在基于内容的多媒体信息检索和内容查询上。基于内容的检索就是根据媒体对象的语义和感知特征进行检索，具体实现就是从媒体数据中提取出特定的信息线索（或特征指标），然后根据这些线索从大量存储在多媒体数据库中的媒体中进行查找，检索出具有相似特征的媒体数据。

　　基于内容的多媒体信息检索是一门涉及面很广的交叉学科，需要利用图像处理、模式识别、计算机视觉及图像理解等领域的知识作为基础，还需从认知科学、人工智能、数据库管理系统、人机交互等领域引入新的媒体数据表示和数据模型，从而设计出可靠、有效的检索算法、系统结构及友好的人机界面。

（六）多媒体网络通信技术

　　文本、语音、视频等不同媒体信息类型对网络的需求并不相同，如语音和视频有较强的实时性要求，传输过程中允许出现某些字节的错误，但不能容忍时间上的延迟；而对于文本和图像数据来说，原则上允许一定时间上的延迟，却不允许出现任何内容的变化，因为即便是一个字节出现错误都会改变文本或图像的意义。传统的通信方式不能满足多媒体多样化的通信要求，因此需要构建多媒体网络通信技术。

多媒体通信要求网络具有高效的能力，这些能力包括以下四点。

①吞吐要求。网络的吞吐量就是它的有效比特率或有效带宽，即传输网络物理链路的比特率减去各种额外开销。对于吞吐要求也表现在对传输带宽的要求、对存储带宽的要求以及对流量的要求上。

②实时性和可靠性要求。多媒体通信的实时性和可靠性要求与网络速率和通信协议都有关系。在多媒体通信中，为了获得真实的临场感，要求传输的延迟越短越好，对实时性的要求很高。

③时空约束。在多媒体通信系统中，同一对象的各种媒体在空间和时间上都是互相约束、互相关联的，多媒体通信系统必须正确地反映它们之间的这种约束关系。

④分布处理要求。用户要求通信网络是高速率和高带宽、多媒体化、智能化、可靠和安全的。从技术角度来看，未来的通信是多网合一、业务综合和多媒体化的。针对目前多网共存的现状，我们应致力于研究各种媒体信息在分布环境下的运行，通过分布环境解决多点多人合作、远程多媒体信息服务等问题。

（七）多媒体数字水印技术

多媒体技术的广泛应用，使得需要进行加密、认证和版权保护的声像数据越来越多。数字化的声像数据从本质上看就是数字信号，如果对这类数据也采用密码加密方式，则其本身的信号属性就被忽略了。最近几年，许多研究人员放弃了传统密码学的技术路线，尝试用各种信号处理方法对声像数据进行隐藏加密，并将该技术用于制作多媒体的"数字水印"。

数字水印技术是指用信号处理的方法，在数字化的多媒体数据中嵌入隐藏的标记，这种标记通常是不可见的，只有通过专门的检测器或阅读器才能提取。目前，数字水印应用领域主要有数字作品的知识产权保护、商务交易中的票据防伪、声像数据的隐藏标识和篡改提示、隐蔽通信及其对抗等。

（八）多媒体数据挖掘技术

随着信息技术的迅猛发展，人们现在可以从因特网、数字图书馆、数字出版物中获得越来越多的多媒体数据。但是人们并不满足于信息存取这个层次，因为信息检索只能获取用户需求的相关"信息"，而不能从大量多媒体数据中找出和分析出蕴含的有价值的"知识"。为此，需要研究比多媒体信息检索更高层次的新方法，也就是多媒体数据挖掘。

数据挖掘是从大量的、不完全的、有噪声的、模糊的、随机的实际应用数据中提取隐含在其中的、人们事先不知道的，但又是潜在的有用信息和知识的过程。

多媒体数据挖掘就是从大量多媒体数据中，通过综合分析视听特性和语义，发现隐含的、有效的、有价值的、可理解的模式，进而发现知识，得出事件的趋向和关联，为用户提供问题求解层次的决策支持能力。

（九）多媒体输入/输出技术

多媒体输入/输出技术涉及各种媒体外设以及相关的接口技术，包括媒体转换技术、媒体识别技术、媒体理解技术和媒体综合技术。

①媒体转换技术。媒体转换技术包含两层含义：其一是指改变媒体的表现形式，如当前广泛使用的视频卡、音频卡都属于媒体转换设备；其二是媒体格式的转换技术，计算机系统中的图像、声音和视频都有多种编码格式，媒体格式转换是指按用户的需求来进行多媒体格式转换。

②媒体识别技术。媒体识别是对信息进行一对一映像的过程。例如，语音识别是将语音映像为一串字、词或句子；触摸屏识别是根据触摸屏上的位置识别其操作要求。

③媒体理解技术。媒体理解是对信息进行更进一步的分析处理和理解信息内容，如自然语言理解、图像理解、机器视觉等。

④媒体综合技术。媒体综合是把低维信息映像成高维的模式空间的过程，例如，语音合成器就可以把文本转换为声音进行输出。

（十）多媒体系统软件技术

多媒体系统软件技术主要包括多媒体操作系统、多媒体数据库管理技术等。当前的操作系统都包括对多媒体的支持，可以方便地利用媒体控制接口（MCI）和底层应用程序接口（API）进行应用开发，而不必关心物理设备的驱动程序。

1.多媒体操作系统

操作系统是计算机的核心系统软件，是计算机硬件、软件资源的控制管理中心，它以尽量合理的方式组织用户共享计算机的各种资源。随着多媒体技术的发展，操作系统支持的应用软件越来越多，传统的单任务处理的操作系统已无法适应，Windows95出现后，操作系统的多任务和多线程在MPC（Model Predictive Control，模型预测控制）上得以实现，使得实时性强的多媒体信息处理和传输逐步得到改善。

多媒体操作系统应在体系结构、资源管理（资源控制、实时调度、主存管理、输入/输出管理）及程序设计诸方面都能提供有力的支持，特别是对多媒体网络通信的支持，重点要解决好实时性、媒体同步和质量控制服务等问题。

目前，PC端使用较多的多媒体操作系统有微软公司开发的Windows7、Windows10系统，苹果公司开发的MacOS系统。在服务器中，主要有免费开源的Linux系统和商用的UNIX系统，其中Linux系统因其开源免费的特性，被广泛应用在互联网企业的应用服务器中，可以为用户提供图片、音乐、动画和视频等资源。在移动终端，主要有谷歌公司的Android系统和苹果公司的ios系统，其中Android系统被国内的手机厂商广泛地使用。

2.多媒体数据库及其管理系统

多媒体数据库是多媒体技术与数据库技术相结合的复合产物，其代表的是两个技术的融合，而不是简单地在传统数据库上做简单的包装。图形、图像、声音、动画、视频等多媒体数据的特点是数据量大，使得数据在数据库中的存储方法和组织结构复杂；多媒体数据的种类繁多，使得数据处理过程复杂，在数据库中需要对多种媒体数据进行协调统一。

多媒体信息最大的特点是声音、图像和视频并存，这和传统数据库显示数据关系出入巨大，改变了数据库的查询、增加、删除等基本操作形式。

由此可见，传统的数据库技术已不能满足多媒体信息的需求，这促进了新技术——多媒体数据库技术的产生。多媒体数据库主要研究的是如何高效地组织和管理好多媒体数据。多媒体数据库采用分层处理的方式来解决这个核心问题。

第一是针对信息媒体的多样化，以及多媒体数据的存储、组织、使用和管理的问题，构建适合多媒体数据物理存储描述的物理层。

第二是面对多媒体数据集成或表现集成，实现多媒体数据之间的交叉调用和融合，构建概念层。概念层由一组概念对象构成，是对现实世界事务的描述。

第三是针对多媒体数据与人之间的交互性问题，构建表现层。在表现层中，用户可以得到图文声像并茂的综合数据。

四、多媒体技术在教育中的应用

多媒体技术在教育中的应用就是指利用多媒体技术，对教育过程中所涉及的图、文、声、像进行综合处理。因为多媒体技术具有图、文、声并茂，甚至有活动影像这样的特点，所以在教学中应用多媒体技术，有利于调动学习者的积极性，有利于激发学习者的兴趣，有利于学习者进行自主学习。多媒体技术在教育中有广泛的应用，具体包括多媒体课件的开发和多媒体教学环境的建立。

（一）多媒体课件的开发

多媒体课件是指基于多媒体技术，将图、文、声、像等媒体有机地结合起来，可以完成特定教学任务的教学课件。运用多媒体课件，可以使抽象的内容具体化、复杂的过程简单化、枯燥的内容形象化、隐形的内容显形化；可以在保证教学质量的前提下，提高信息传送量，化解教学难点，优化教学效果。

多媒体课件开发需使用多媒体课件开发工具。多媒体课件开发工具包括底层复杂的多媒体技术，可以提供完备简单的排版语言规范，用户只需按照该排版语言规范操作，就可将分散、杂乱的文字、图像、声音、动画等素材根据自己的创作意愿融为一体，创作出自己的多媒体课件。整个过程十分简单，不需要用户具备丰富的计算机或编程知识。常用的多媒体课件开发工具有Power-Point、Authorware、Director、Action等。

（二）多媒体教学环境的建立

多媒体教学环境是指将多媒体技术运用到教学环境中所形成的新型教学环境。虽然国内各高校先后建立了各种各样的多媒体教学环境，由于投入不同、配置各异、功能不一，因此模式、名称也五花八门。但是，无论如何千变万化，归纳起来，不外乎以下两种。

一是"课堂教学模式"的多媒体教学环境。这种模式的特点是教师实时参与，学生在教师指导下学习；多媒体计算机仅仅被当作先进的教学手段，由教师直接操作。

二是"自主学习模式"的多媒体教学环境。这种模式摒弃了传统教育中的"三中心论"，真正树立以学生为主体、教师为主导的现代教育思想，使学生从被动地接受知识转变为主动地获取知识，在探求知识的过程中，培养其自主学习的能力。"自主学习模式"的多媒体教学环境为学生提供了自主学习的条件。

第二节　计算机网络技术

一、计算机网络的定义

计算机网络是通信技术与计算机技术密切结合的产物。它最简单的定义是"以实现远程通信为目的，一些互连的、独立自治的计算机的集合"。（"互连"是指各计算机之间通过有线或无线通信信道彼此交换信息。"独立自治"则强调它们之间没有明显的主从关系。）

1970年，美国信息学会联合会发布了计算机网络的定义：以相互共享资源（硬件、软件和数据）方式而连接起来，且各自具有独立功能的计算机系统之集合。此定义有三个含义：一是网络通信的目的是共享资源；二是网络中的计算机是分散且具有独立功能的；三是有一个全网性的网络操作系统。

计算机网络具有三个主要的组成部分：①能向用户提供服务的若干主机；②由一些专用的通信处理机（即通信子网中的节点交换机）和连接这些节点的通信链路所组成的一个或数个通信子网；③为主机与主机、主机与通信子网或者通信子网中各个节点之间通信而建立的一系列协议。

也有人将计算机网络定义为将一群具有独立功能的计算机通过通信设备及传输媒体互联起来，在通信软件的支持下，实现计算机间资源共享、信息交换或协同工作的系统。计算机技术和通信技术迅速发展、相互渗透，形成了计算机网络技术。

二、计算机网络的功能

计算机网络的主要功能是共享资源和信息，其基本功能包括以下几个方面。

（一）数据通信

数据通信是计算机网络的最基本的功能，可以使分散在不同地理位置的计算机之间相互传送信息。该功能是计算机网络实现其他功能的基础。通过计算机网络传送电子邮件、进行电子数据交换、发布新闻消息等，极大地方便了用户。

（二）资源共享

计算机网络中的资源可分成三大类：硬件资源、软件资源和信息资源。与之相应，资源共享也分为硬件共享、软件共享和信息共享。计算机网络可以在全网范围内提供如打印机、大容量磁盘阵列等各种硬件设备的共享，以及各种数据，如各种类型的数据库、文件、程序等资源的共享。

（三）集中处理

集中处理即将分散在各地计算机中的数据资料适时集中或分级管理，并经综合处理后形成各种报表，提供给管理者或决策者分析和参考，如自动订票系统、政府部门的计划统计系统、银行财政及各种金融系统、数据的收集和处理系统、地震资料的收集与处理系统、地质资料的采集与处理系统等。

（四）均衡负载

当某个计算中心的任务量很大时，可通过网络将此任务传递给空闲的计算机去处理，以调节忙闲不均的现象。此外，地球上不同区域的时差也为计算机网络带来很大的灵活性，一般白天计算机负荷较重，晚上则负荷较轻，地球时差正好为人们提供了均衡负载的余地。

（五）提高可靠性

其主要表现在计算机连成网络之后，各计算机之间可以通过网络互为备份；当某个计算机发生故障后，可通过网络由别处的计算机代为处理；当网络中计算机负载过重时，可以将作业传送给网络中另一较空闲的计算机去处理，从而缩短了用户的等待时间，均衡了各计算机的负载，进而提高了系统的可靠性和可用性。

（六）分布式处理

对于某些大型问题可以采用合适的算法，将任务分散到网络中不同的计算机上进行分布式处理，以达到均衡使用网络资源、实现分布处理的目的。分布处理功能对局域网来说意义重大，因为利用计算机网络技术可以将计算机连成高性能的分布式计算机系统，使它具有解决复杂问题的能力。

三、计算机网络的分类

由于计算机网络的广泛使用，目前在世界上出现了各种类型的计算机网络。对网络的分类方法也有很多。从不同角度观察网络、划分网络，有利于全面了解网络系统的各种特性。

（一）根据网络的覆盖范围划分

根据这种划分方法可将其分为局域网、城域网、广域网，具体介绍如下。

局域网（LAN，Local Area Network），一般用微机通过高速通信线路连接，覆盖范围从几百米到几千米，通常用于覆盖一个房间、一层楼或一座建筑物。局域网传输速率高，可靠性好，适用各种传输介质，且建设成本低。

城域网（MAN，Metropolitan Area Network），是在一座城市范围内建立的计算机通信网，通常使用与局域网相似的技术，但对媒介访问控制在实现方法上有所不同，它一般可将同一城市内不同地点的主机、数据库以及LAN等互相连接起来。

广域网（WAN，Wide Area Network），用于连接不同城市之间的LAN或MAN。广域网的通信子网主要采用分组交换技术，常常借用传统的公共传输网（如电话网），这就使广域网的数据传输相对较慢，传输误码率也较高。随着光纤通信网络的建设，广域网的速度将大大提高。广域网可以覆盖一个地区或国家。

国际互联网，又叫因特网（Internet），是覆盖全球的最大的计算机网络，但实际上不是一种具体的网络技术。因特网将世界各地的广域网、局域网等互联起来，形成一个整体，实现全球范围内的数据通信和资源共享。

（二）根据网络的拓扑结构划分

根据这种划分方法可将其分为总线型拓扑结构、星形拓扑结构、环形拓扑结构、树形拓扑结构和网状拓扑结构等，具体介绍如下。

拓扑是从图论演变而来的，是一种研究与大小及形状无关的点、线、面特点的方法。把网络中的计算机等设备抽象为点，把网络中的通信媒体抽象为线，这样就形成了由点和线组成的几何图形，即采用拓扑学方法抽象出的网络结构，我们称之为网络拓扑结构。

总线型拓扑结构简单灵活，可扩充，性能好。但是由于所有的工作站通信均通过一条共用的总线，所以实时性差，并且总线发生任何一点故障，都会造成整个网络的瘫痪。

星形拓扑结构的优点是建网容易，控制相对简单，其缺点是属于集中控制，对中心节点依赖性强。

环形拓扑结构是局域网中常用的拓扑结构，可用令牌控制来协调控制各节点的发送。

树形拓扑结构适用于相邻层通信较多的情况，典型的应用是低层节点解决不了的问题，请求中层解决，中层计算机解决不了的问题请求顶部的计算机来解决。

当面对一些大型网络时，一般采用的就是网状拓扑结构了。网状拓扑结构是一种组合型拓扑结构，它由多个前面介绍的拓扑结构组成的子网或局域网连接而成。网状拓扑结构一般用于互联网骨干网上。

（三）根据传输介质划分

根据这种划分方法可将其分为有线网和无线网，具体介绍如下。

有线网采用双绞线、同轴电缆、光纤或电话线作为传输介质。采用双绞线和同轴电缆连成的网络经济且安装简便，但传输距离相对较短。以光纤为介质的网络传输距离远，传输率高，抗干扰能力强，安全好用，但成本稍高。

无线网主要以无线电波或红外线为传输介质，联网方式灵活方便，但联网费用稍高，可靠性和安全性还有待改进。另外，还有卫星数据通信网，它是通过卫星进行数据通信的。

（四）根据网络的使用性质划分

根据这种划分方法可将其分为公用网和专用网，具体介绍如下。

公用网（Public Network）是一种付费网络，属于经营性网络，由商家建造并维护，消费者付费使用。

专用网（Private Network）是某个部门根据本系统的特殊业务需要而建造的网络，这种网络一般不对外提供服务。例如，军队、银行、电力等系统的网络就属于专用网。

四、计算机网络技术在教育中的应用

（一）中国教育网络

计算机网络技术在教育中的应用十分广泛，其中一个最为重要的应用是基于计算机网络技术建设的中国教育网络。在教育领域，主要包括全国骨干网、城域教育网和校园网三个主要层级。它们分别代表宽带网络的三个级别，其中由校园网、地方教育部门内部网及其他教育部门的行政网络共同组成基础网，然后再由各基础网与省、市教育部门的信息中心相连，形成覆盖全省或全市的城域教育网。城域教育网再通过国家级主干线路直接联入全国骨干网，在中国，教育方面的主干网是中国教育和科研计算机网（CERNET）。

（二）中国教育和科研计算机网

中国教育和科研计算机网是全国最大的公益性计算机互联网络。它主要面向教育和科研单位，其目标是建设一个全国性的教育科研基础设施，利用计算机技术和网络通信技术，把全国大部分高等院校和有条件的中学联系起来，改善教育环境，实现资源共享，推动我国教育和科研事业的发展。

CERNET始建于1994年。经过多年的建设，CERNET取得了巨大的成绩。CERNET极大地改善了我国教育信息化的基础环境，在推动我国教育和科研事业及教育信息化的建设过程中发挥了巨大的作用。

（三）城域教育网

城域教育网，是指上接全国骨干网络，下连校园网和教育部门内部网，可有效辅助教育教学、教育管理、教育科研和教育经营等集各综合性功能于一体的数字化网络信息环境，同时也是一种区域范围内的网络整体解决方案。城域教育网就是利用网络技术将一定区域内的教育机构联通，从而实现教育资源的共享与合理配置。它可以为区域内的各类学校、教育机构、科研机构及教育行政部门等提供全方位的教育信息和教育资源，可以促进教育水平的提高，促进教育政务信息化的建设，从而加速区域内教育信息化的发展。

城域教育网包括主体网和基础网两部分。主体网是指教育部门直接管理的提供城域范围内教育应用功能的信息化环境，包括教育资源中心、网络管理中心、网络教学中心、信息交流中心四大模块。主体网的功能在于构建区域内的教育网络环境，为教育资源共享和资源内容服务提供信息交流传递的渠道。基础网主要是指校园网，其功能在于构建校园内部的教育网络环境，为学校的教学、管理提供服务，提供与城域教育网络环境沟通的渠道。

（四）校园网

校园网是在学校区域内为学校教育提供资源共享、信息交流和协同工作服务的计算机网络信息系统。校园网是教育网络中最低的一级。

校园网在学校里主要有四方面的应用：一是校园网可以为学生提供学习资源，有利于学生的自主学习，是一种学习的工具。二是校园网可以为教师提供各种教学资料与科研资源，从而为教师的教育活动及科研活动服务。三是校园网可以辅助学校的教学管理活动，如学籍管理、财务管理等。四是校园网是学校与外部世界沟通的渠道。

现在，校园网在我国普及率很高，已成为学校的重要基础设施。校园网的建设对于提高学校的教学、科研水平具有重大的作用，极大地推动了我国教育信息化的发展。

第三节　虚拟现实技术

一、虚拟现实的基本概念

虚拟现实（Virtual　Reality，简称VR）又译作灵境技术，该名词最早是由美国VPL Research公司的创建人拉尼尔于1989年提出的，用以统一表述当时纷纷涌现的各种借助计算机技术及研制的传感装置所创建的一种崭新的模拟环境。

虚拟现实技术是一项综合性的信息技术，涉及计算机图形学、多媒体技术、人机交互技术、传感技术、网络技术、立体显示技术、计算机仿真与人工智能等多个领域，是一门富有挑战性的交叉技术。虚拟现实技术的应用源于军事和航空航天领域的需求。

近年来，虚拟现实技术已广泛应用于工业制造、规划设计、教育培训、交通仿真、文化娱乐等众多领域，正在影响和改变着人们的生活。由于改变了传统的人与计算机之间被动、单一的交互模式，用户和系统的交互变得主动化、多样化、自然化，因此虚拟现实技术已成为计算机科学与技术领域中继多媒体技术、网络技术及人工智能之后备受人们关注与研究开发的热点。

（一）定义

虚拟现实的英文名称为Virtual　Reality。Virtual是虚假的意思，其含义是这个环境或世界是虚拟的，是存在于计算机内部的。Reality就是真实的意思，其含义是现实的环境或真实的世界。所谓虚拟现实，顾名思义，就是虚拟和现实相互结合，是一种可以创建和体验虚拟世界的计算机仿真系统，它以计算机技术为核心，结合相关科学技术，生成与一定范围的真实环境在视、听、触感等方面高度近似的虚拟环境，用户借助必要的设备与虚拟环境中的对象进行交互作用，相互影响，从而产生身临其境的感受和体验。虚拟现实是人类在探索自然、认识自然过程中创造并逐步成型的一种用于认识自然、模拟自然，进而更好地适应和利用自然的科学方法和技术。

虚拟现实是利用计算机和一系列传感设施来实现的，使人能有置身于现实世界中的感觉的环境，是一个看似真实的模拟环境。通过传感设备，用户根据自身的感觉，使用人的自然技能考察和操作虚拟世界中的物体，获得相应看似真实的体验。具体含义有三点：①虚拟现实是一种基于计算机图形学的多视点、实时动态的三维环境，这个环境可以是现实世界的真实再现，也可以是超越现实的虚拟世界；②操作者可以通过人的视觉、听觉、触觉、嗅觉等多种感官，直接以人的自然技能和思维方式与所投入的环境交互；③在操作过程中，人是以一种实时数据源的形式沉浸在虚拟环境中的行为主体，而不仅仅是窗口外部的观察者。由此可见，虚拟现实的出现为人们提供了一种全新的人机交互方式。

虚拟现实也可以理解为一种创造和体验虚拟世界（Virtual World）的计算机系统，是一种逼真的模拟人在自然环境中视觉、听觉、运动等感知行为，并可以和这种虚拟环境进行自然交互的高级人机界面技术，是允许用户通过自己的手和头部的运动与环境中的物体进行交互作用的一种独特的人机界面。这种人机界面具有以下特点：①逼真的感觉，包括视觉、听觉、触觉、嗅觉等；②自然的交互，包括运动、姿势、语言、身体跟踪；③个人的视点，用户用自己的眼、耳、身体感觉信息；④迅速的响应，感觉到的信息会根据用户视点变化和用户输入及时更新。

虚拟现实的作用对象是"人"而非"物"。虚拟现实以人的直观感受体验为基本评判依据，是人类认识世界、改造世界的一种新的方式和手段。与其他直接作用于"物"的技术不同，虚拟现实本身并不是生产工具，它通过影响人的认知体验，间接作用于"物"，进而提升效率。

虚拟现实是对客观世界的易用、易知化改造，是互联网未来的入口与交互环境。其特点有三个：一是抽象事物的具象化，包括一维、二维、多维向三维的转化，信息数据的可视化建模；二是观察视角的自主，能够突破空间物理尺寸局限，开展增强式观察、全景式观察、自然运动观察，且观察视野不受屏幕物理尺寸局限；三是交互方式的自然化，传统键盘、鼠标的输入输出方式向手眼协调的自然人机交互方式转变。

（二）相关概念辨析

1.虚拟现实

虚拟现实是利用计算机模拟产生一个三维空间的虚拟世界，提供给使用者关于视觉、听觉、触觉等感官的模拟，让使用者如同身临其境一般。在这个虚拟空间内，使用者感知和交互的是虚拟世界里的东西。现今，在智能穿戴市场上，VR的代表产品有很多，例如，Facebook的Oculus Rift，索尼的PS VR、HTC的Vive和三星的Gear VR，以及谷歌公司的简约版VR设备Cardboard，都能带我们领略到VR技术的魅力。

2.增强现实

增强现实（Augmented Reality，简称AR）是在虚拟现实的基础上发展起来的一种将真实世界信息和虚拟世界信息"无缝"集成的新技术，将计算机生成的虚拟信息叠加到现实的真实场景中，以对现实世界进行补充，使人们在视觉、听觉、触觉等方面增强对现实世界的体验。简单地说，VR是全虚拟世界，AR是半真实、半虚拟的世界。如今在AR领域最具代表性的产品无疑是微软的HoloLens，除此之外还有Meta2等。由于AR比VR的技术难度更高，因此，AR的发展程度并没VR高。

3.混合现实

混合现实（Mixed Reality，简称MR）是虚拟现实技术的进一步发展，该技术通过在现实场景呈现虚拟场景信息，在现实世界、虚拟世界和用户之间搭起一个交互反馈的信息回路，以增强用户体验的真实感。混合现实技术结合了虚拟现实技术与增强现实技术的优势，能够更好地将增强现实技术体现出来。

从狭义角度来说，虚拟现实特指VR，是以想象为特征，创造与用户交互的虚拟世界场景。广义的虚拟现实包含VR、AR、MR，是虚构世界与真实世界的辩证统一。AR以虚实结合为特征，将虚拟物体信息和真实世界叠加，实现对现实的增强。MR将虚拟世界和真实世界融合创造为一个全新的三维世界，其中物理实体和数字对象实时并存并且相互作用。

区分AR和VR并不难，难的是如何区分AR和MR。从概念上来说，VR是纯虚拟数字画面，而AR是虚拟数字画面加上裸眼现实，MR是数字化现实加上虚拟数字画面。当然，很多时候，人们就把AR也当作了MR的代名词，用AR代替了MR。

二、虚拟现实技术的特性

虚拟现实基于动态环境建模技术、立体显示和传感器技术、系统开发工具应用技术、实时三维图形生成技术、系统集成技术等多项核心技术，主要围绕虚拟环境表示的准确性、虚拟环境感知信息合成的真实性、人与虚拟环境交互的自然性、实时显示、图形生成、智能技术等问题的解决，使得用户能够身临其境地感知虚拟环境，从而达到探索、认识客观事物的目的。

1994年美国科学家伯迪和考菲特在《虚拟现实技术》一书中提出，虚拟现实具有三个重要特征，分别是沉浸感（Immersion）、交互性（Interaction）和构想性（Imagination），常被称为虚拟现实的3I特征。

（一）沉浸感

沉浸感是指用户感受到被虚拟世界所包围，好像完全置身于虚拟世界之中一样。虚拟现实技术最主要的技术特征是让用户觉得自己是计算机系统所创建的虚拟世界中的一部分，使用户由观察者变成参与者，沉浸其中并参与虚拟世界的活动。

与我们熟悉的二维空间不同的是，成熟的虚拟现实的视觉空间、视觉形象是三维的，音响效果也是精密仿真的三维效果。虚拟现实是根据现实世界的真实存在，由计算机模拟出来的。它客观上并不存在，但一切都是符合客观规律的。它所实现的是使用户进入三维世界中，运用多重感受完全参与到形成的"真实"世界中。

虚拟现实系统根据人类的视觉、听觉的生理、心理特点，通过外部设备及计算机产生逼真的三维立体图像，并利用头盔式显示器或其他设备，把参与者的视觉、听觉和其他感觉封闭起来，提供一个新的、虚拟的、非常逼真的感觉空间。参与者戴上头盔显示器和数据手套等交互设备，便可将自己置身于虚拟环境中，成为虚拟环境中的一员。当使用者移动头部时，虚拟环境中的图像也实时地跟着变化，做拿起物体的动作可使物体随着手的移动而运动。这种沉浸感是多方面的，不仅可以看到而且可以听到、触摸到及嗅到虚拟世界中所发生的一切，并且给人的感觉相当真实，以至于能使人全方位地临场参与这个虚幻的世界。

虚拟现实系统应该具备人在现实世界中具有的所有感知功能，但鉴于目前技术的局限性，在现在的虚拟现实系统的研究与应用中，较为成熟或相对成熟的主要是视觉沉浸、听觉沉浸、触觉沉浸技术，而有关味觉与嗅觉的感知技术正在研究之中，目前还很不成熟。

（二）交互性

交互性是指用户对模拟环境内物体的可操作程度和从环境得到反馈的自然程度。交互性的产生主要借助于虚拟现实系统中的特殊硬件设备（如数据手套、力反馈装置等），使用户能通过自然的方式，产生同在真实世界中一样的感觉。虚拟现实系统比较强调人与虚拟世界之间进行自然的交互，交互性的另一个方面主要表现了交互的实时性。

例如，在虚拟驾驶系统中，用户可以控制方向、档位、刹车、座位调整等各种信息，系统也会根据具体变化瞬时传达反馈信息。用户可以用手直接抓取模拟环境中虚拟的物体，这时手有握着东西的感觉，并可以感觉物体的重量，视野中被抓的物体也能立刻随着手的移动而移动；崎岖颠簸的道路上，用户会感觉到身体的震颤和车的抖动；上下坡路，用户会感受到惯性的作用；漆黑的夜晚，用户会感觉到观察路况的不便；等等。

交互性能的好坏是衡量虚拟系统的一个重要指标。在虚拟现实系统中的人机交互是一种近乎自然的交互，使用者不仅可以利用电脑键盘、鼠标进行交互，而且能够通过特殊头盔、数据手套等传感设备进行交互。参与者不是被动地感受，而是可以通过自己的动作改变感受的内容。计算机能够根据使用者的头、手、眼、语言及身体的运动来调整系统呈现的图像及声音。参与者通过自身的感官、语言、肢体动作等，就能对虚拟环境中的对象进行观察或操作。

（三）构想性

构想性是指虚拟的环境是人想象出来的，同时这种想象体现出设计者相应的思想，因而可以用来实现一定的目标。虚拟现实以现实为基础，却可能创造出超越现实的情境。所以它可以充分发挥人的认识和探索能力，从定性和定量等综合集成的思维中得到感性和理性的认识，从而进行理念和形式的创新，以虚拟的形式真实反映设计者的思想，传达用户的需求。

虚拟现实技术不仅仅是一个媒体或一个高级用户界面，同时它还是为解决工程、医学、军事等方面的问题而由开发者设计出来的应用软件。虚拟现实技术的应用，为人类认识世界提供了一种全新的方法和手段，可以使人类跨越时间与空间，去经历和体验世界上早已发生或尚未发生的事件；可以使人类突破生理上的限制，进入宏观或微观世界进行研究和探索；也可以模拟因条件限制等而难以实现的事情。

例如，在一个现代化的大规模景观规划设计中，需要对地形地貌、建筑结构、设施设置、植被处理、地区文化等进行细致、海量的调查和构思，绘制大量的图纸，并按照计划有步骤地进行施工。由于气候、文化地域、生活习惯等原因，有些设计往往因为很多项目已经施工完成而无法进行相应改动而留下永久的遗憾。而虚拟现实以最灵活、最快捷、最经济的方式在不动用一寸土地且成本降到极限的情况下，使用户任意进行设计改动、讨论和呈现不同方案的多种效果，并可以使更多的设计人员、用户参与设计过程，确保方案最优化。

此外，在对未知世界和无法还原的事物尽心探索和展示方面，虚拟现实有其他方案无可比拟的优势。它以现实为基础创造出超越现实的情境，大到可以模拟宇宙太空，把人带入浩瀚无比的"宇宙空间"，小到可以模拟原子世界里的动态演化，把人带入肉眼不可见的"微粒世界"。

三、虚拟现实系统及其分类

（一）虚拟现实系统

虚拟现实系统是虚拟现实技术的物理实现形式。虚拟现实系统一般包括虚拟环境产生器和人机接口两部分。虚拟环境产生器的功能是根据任务的性质及用户的要求在工具软件和数据库的支持下产生多维的适入的情境和实例。虚拟环境产生器实质上是一个包括虚拟世界数据库的高性能计算机系统。人机接口的功能让用户可以与虚拟环境进行交互。人机接口一般包括语音合成与识别，头、眼、手跟踪装置，触觉、动觉系统，头盔显示器等。

一个基于头盔显示器的虚拟现实系统，是由虚拟世界数据库的高性能计算机系统、头盔显示器、语音合成与识别（如耳机），头、眼、手跟踪装置，触觉、动觉系统等组成的。该系统首先由计算机生成一个虚拟世界，由头盔显示器将其显示出来，在头、眼、手跟踪装置、语音合成与识别的支持下，用户通过头部和手部的移动、语音等便可以与虚拟世界进行自然的交互。计算机能根据用户输入的各种信息实时进行计算，即对交互行为进行反馈，如由头盔显示器更新相应的场景显示，由耳机输出立体声音，由动觉、触觉系统产生力觉反馈。

（二）虚拟现实系统的分类

虚拟现实系统根据交互性和沉浸感以及用户参与形式的不同一般分为桌面式、沉浸式、增强式和分布式四种类型。

1.桌面式虚拟现实系统

桌面式虚拟现实系统（Desktop VR）利用个人计算机或初级图形工作站，以计算机屏幕作为用户观察虚拟世界的一个窗口，采用立体图形、自然交互技术产生三维立体空间的交互场景，用户通过包括键盘、鼠标和三维空间交互球等在内的各种输入设备操纵虚拟世界，实现与虚拟世界的交互。

桌面式虚拟现实系统也称窗口VR，是非完全投入式虚拟现实系统，是一套基于普通PC平台的小型桌面虚拟现实系统。在非完全投入式系统中，利用中低端图形工作站及立体显示器，产生虚拟场景。参与者使用位置跟踪器、数据手套、力反馈器、三维鼠标或其他手控输入设备，可从视觉上感觉到真实世界，并通过某种显示装置，如图形工作站，对虚拟世界进行观察。

用户可对视点做出自由度平移及旋转，可在虚拟环境中漫游。桌面式虚拟现实系统主要用于CAD/CAM、民用设计等领域。

桌面式虚拟现实系统的特点是结构简单、价格低廉、经济实用、易于普及推广，但沉浸感不高。

2.沉浸式虚拟现实系统

沉浸式虚拟现实系统（Immersive VR）是一种高级的、较理想的虚拟现实系统，它提供一种完全沉浸的体验，使用户有一种仿佛置身于真实世界之中的感觉。它通常采用洞穴式立体显示装置（CAVE系统）或头盔式显示器（HMD）等设备，首先把用户的视觉、听觉和其他感觉封闭起来，并提供一个新的、虚拟的感觉空间，利用三维鼠标、数据手套、空间位置跟踪器等输入设备和视觉、听觉等输出设备。采用语音识别器让用户对系统主机下达操作命令。与此同时，头、手、眼均有相应的头部跟踪器、手部跟踪器、眼睛视向跟踪器的追踪，使系统尽可能地实现实时性，从而使用户产生一种身临其境、完全投入和沉浸于其中的感觉。常见的沉浸式虚拟现实系统有基于头盔式显示器的系统和立体投影式虚拟现实系统两种类型。

沉浸式虚拟现实系统使用户的个人视点完全沉浸到虚拟世界中，所以又称投入式虚拟现实系统。在投入式虚拟现实系统中，以对使用者头部位置、方向做出反应的计算机生成的图像代替真实世界的景观。用户可做能在工作站上完成的任何事，其明显长处是完成投入。当沉浸式虚拟现实系统具备结合模拟软件的额外处理能力后，使用者就可交互地探索新景观，体验到实时的视觉回应。

和桌面式虚拟现实系统相比，沉浸式虚拟现实系统硬件成本相对较高，其封闭的虚拟空间能提供高沉浸感的用户体验，适用于模拟训练、教育培训与游戏娱乐等领域。

虚拟现实影院（VR Theater）就是一个完全沉浸式的投影式虚拟现实系统，用几米高的六个平面组成的立方体屏幕环绕在观众周围，设置在立方体外围的六个投影设备共同投射在立方体的投射式平面上。用户置身于立方体中可同时观看由六个平面组成的图像，完全沉浸在图像组成的空间中。

3.增强式虚拟现实系统

增强式虚拟现实系统（Augmented VR）是一个较新的研究领域，是一种利用计算机对用户所看到的真实世界产生的附加信息进行景象增强或扩张的技术。增强式虚拟现实系统是利用附加的图形或文字信息，对周围真实世界的场景动态地进行增强，把真实环境和虚拟环境组合在一起，使用户既可以看到真实世界，又可以看到叠加在真实世界中的虚拟对象。

增强式虚拟现实系统又称为叠加式虚拟现实系统或补充现实系统，允许用户对现实世界进行观察的同时，将虚拟图像叠加在现实世界之上。增强现实技术是一种实时地计算摄像机影像的位置及角度并加上相应图像的技术，是将真实世界信息和虚拟世界信息"无缝"集成的新技术，这种技术的目标是在屏幕上把虚拟世界套在现实世界并进行互动。

增强现实技术不仅能够有效体现出真实世界的内容，也能够促使虚拟的信息内容显示出来，这些信息内容相互补充和叠加。在视觉化的增强现实中，用户需要在头盔显示器的基础上，促使真实世界能够和电脑图形之间重合在一起，在重合之后可以充分看到真实的世界围绕着它。增强现实技术中主要有多媒体和三维建模以及场景融合等新的技术和手段，增强现实所提供的信息内容和人类能够感知的信息内容之间存在着明显不同。

4.分布式虚拟现实系统

分布式虚拟现实系统（Distributed Virtual Reality，简称DVR），又称为网络虚拟现实系统（Networked Virtual Reality，简称NVR），是虚拟现实技术和网络技术结合的产物。其目标是建立一个可供异地多用户同时参与的分布式虚拟环境（Distributed Virtual Environment，简称DVE），在这个环境中，位于不同物理环境位置的多个用户或多个虚拟环境通过网络相连接，或者多个用户同时进入一个虚拟现实环境，通过计算机与其他用户进行交互，进行观察和操作，并共享信息，以达到协同工作的目的。

分布式虚拟现实系统建立在沉浸式虚拟现实系统的基础上，位于不同物理位置的多台计算机及其用户，可以不受其各自的时空限制，在一个共享虚拟环境中实时交互、协同工作，共同完成复杂产品的设计、制造、销售全过程的模拟或某一艰难任务的演练。它特别适合用于实现对造价高、危险、不可重复、宏观或微观事件的仿真，如用于部队联合训练的作战仿真互联网，或者异地的医科学生通过网络对虚拟手术室中的病人进行外科手术。

DVR系统有四个基本组成部件：图形显示器、通信和控制设备、处理系统和数据网络。DVR系统的主要特征包括以下几点。

①共享的虚拟工作空间。

②伪实体的行为真实感。

③支持实时交互，共享时钟。

④多个用户以多种方式相互通信。

⑤资源信息共享以及允许用户自然操作环境中的对象。

分布式虚拟现实系统在远程教育、科学计算可视化、工程技术、建筑、电子商务、交互式娱乐、艺术等领域都有着极其广泛的应用前景。

四、虚拟现实技术对教育的影响

实验证明，人类获取知识信息的渠道85%来自视觉，其他知识信息是通过听觉、嗅觉、触觉或味觉等渠道而获得的。由此可见，人的感官是获取知识信息的桥梁。将虚拟现实技术用于教育教学，就是要利用学生的感官感知优势，再引入多方位的触摸感应体验，激发学生学习知识的浓厚兴趣。

（一）虚拟现实技术颠覆了教学理念

运用虚拟现实技术进行教学，能够强调人的主体性。传统教学方法是教师充当课堂教学主体，学生则是被动接受者，这种"填鸭式"课堂教学模式扼杀了学生学习的自主性、针对性和创造性。新课程改革以后，现代教学理念得到广泛应用，并颠覆了传统教学观念，依靠虚拟现实技术教学，创设能够进行主动探究的学习环境，以此为优势，将课堂教学变成一种启发式教学环境，将教师的教和学生的学实施有机契合，运用启发式思维，促使学生提高破解问题的能力，使学生将精力投入课堂教学的整体过程。

（二）虚拟现实技术影响了教学方式

将虚拟现实技术融入课堂教学当中，对课堂教学效果的影响显而易见。它区别于传统教学的那种抽象而单一的感官体验，以计算机虚拟现实技术模拟一个宛如置于真正实景的教学内容情境，让学生置身其中，进行直接而形象化的多重感官刺激，强化学生与虚拟的真实性学习情境实现交互，体现一种运用其他教学手段难以营造的学习氛围，让相对晦涩和难以诠释的知识，以一种生动活泼的方式进行表达，帮助学生开发形象思维，增强创造力和创新意识，促进学生提高学习自主性。

（三）虚拟现实技术影响了教学内容

虚拟现实技术作用在教学内容上，则起到了一种决定性作用。它能挖掘并加工相关的教学内容，并通过这样的挖掘与加工，让教学内容体现得更加形象、直观和具体，让学生通过形象的图文，解读相对抽象难懂的知识，促进学生深入理解知识内容的本质。同时，针对教学内容的展示方式，也同样不再拘泥于某些特定的时空。可以这样说，虚拟现实技术能够适用于各种学科的教学，尤其是需要进行动手操作的学科，比如像机械、光学、化学、电子和生物科学等。虚拟现实技术可以通过虚拟仿真，将运用其他方法不能实现的实验场景予以虚拟再现，让学生仿佛置于实验环境之中。尤其是对含有一定危险因素的实验，运用虚拟现实技术，可以预防危险发生，提高实验安全系数，方便学生探究实验过程，提高实验兴趣。

五、虚拟现实技术在教育中的应用

虚拟现实技术是当今社会最先进的技术手段之一，自面世以来得到了非常快速的发展，并逐步应用到了各个领域当中。虚拟现实技术提升了人机交互的水平，并且伴随着我国信息技术的不断发展，虚拟现实技术也在不断优化更新，功能更为强大，技术更为成熟。将虚拟现实技术与教育事业的发展相结合，促进了我国教育改革的深化。学校教育需要重视虚拟现实技术的价值，不断加强虚拟现实技术与教育教学工作的融合，真正发挥虚拟现实技术的强大作用。

（一）虚拟现实技术在教育中的应用范畴

1.虚拟现实环境

将虚拟现实技术应用于学校的教育教学工作中可以创造逼真的虚拟现实

环境，借助这种技术手段，可以改变以往以灌输式和说教式为主要方式的教学模式，且丰富了传统课堂教学中以文字、声音和多媒体为主要手段的教学环境。教师可以借助虚拟现实技术，打造逼真的虚拟现实情境，将理论性和文字性的教学知识以三维可视化的方式进行真实的呈现，帮助学生在虚拟现实的环境当中直观地感受教学内容，降低理解难度，提升教学效率。尤其是针对一些复杂程度比较高或比较抽象的理论知识内容，借助逼真的虚拟现实情境，真正实现了情境教学，拓展了课堂教育的深度和广度，为学生增长见识、提升能力创造了有效途径。

2.虚拟课件制作

现在，大多数课件主要是用多媒体技术将文字、图片、声音、视频等多种媒体组合起来形成的。这种课件缺乏情境性、交互性。用虚拟现实技术支持课件的设计和开发，不仅能够实现立体空间、立体物体的"真三维"展示与介绍，而且支持学习者自由浏览和"浸入式"漫游，学习者可以随意控制教学场景的展示和场景中元素的状态，进行个性化学习与体验。那些对情境性、交互性要求较高的课件，就可以用虚拟现实技术进行设计。

3.虚拟协同学习

虚拟协同学习是指多个用户通过交互分布式虚拟现实系统，以小组或团队的形式组织学习者，使他们在讨论、协作与交流的基础上进行学习。虚拟协同学习与传统的线上学习相比有明显的优势。

首先，虚拟协同学习改善了线上学习的环境。交互分布式协同虚拟现实系统可以创造出与现实相仿的模拟教室环境，使学生有身临其境的感觉，从而有效地避免了传统线上学习时学生容易产生的孤独感。

其次，虚拟协同学习的交互性更强，可以有效地提高线上学习的质量。

最后，虚拟协同学习有利于学习者的非智力因素的培养。在交互分布式虚拟现实系统中，协作者以具有个性特征的智能实体形象进入系统，每个智能实体因文化背景、知识结构和个性特征而各不相同，给人以"第一人称"的感觉。协作者还能通过各种输入/输出设备实时地与其他小组成员进行交流，充分发挥集体的智慧，相互学习，相互促进，共同进步。

4.虚拟实验室

利用虚拟现实技术，可以建立各种虚拟实验室，如地理、物理实验室等。虚拟实验室与传统实验室相比有很多优势。

首先，虚拟实验室可以节约成本，提高资金的利用效率。因为通过虚拟现实技术可以模拟出我们实验时所需的实验原料、实验设备、实验场地等，这样就可以节约大量的资金。

其次，虚拟实验室更具有灵活性。在虚拟实验的过程中，用户可以很方便地改变事物的条件，以观察不同条件下所产生的结果，从而给学生更加丰富的感性认识，以便学生验证自己的假设。在学习的过程中，可以提高学生进行科学研究的兴趣，从而提高学生的科学探索能力。

最后，利用虚拟实验室，可以避免真实实验带来的各种危险。在现实中，因为实验本身具有危险或实验材料对人体健康有伤害，很多实验都只能通过播放视频的方式进行。现在，虚拟实验室可以帮我们很好地解决这个问题。在虚拟实验室中，我们可以放心地做各种危险实验。例如，虚拟的化学实验可以避免燃烧、爆炸等化学反应所带来的危险。

5.虚拟实训基地

利用虚拟现实技术所建立的实训基地，在现实中有广阔的应用前景。虚拟现实技术具有沉浸性、交互性和想象性，可以使训练者产生身临其境的感觉，从而有利于训练者全身心地投入训练。它可以应用到外科手术、汽车驾驶、电器维修等各种职业技能的训练中。虚拟实训基地与现实实训基地相比，有以下优点。

首先，可以有效节约成本。在虚拟实训基地中，多数的器械、场地都是根据现实模拟的，而且可以多次利用，因此可以省下大量的设备购买和场地设置的费用。

其次，正因为虚拟实训基地的设备、场地是虚拟的，所以可以方便地根据学科、技术的发展，随时更新设备、场地，使训练跟上时代的潮流。

最后，虚拟实训基地可以避免在训练过程中的危险，如在外科手术的训练中，可避免学生操作失误造成病人的死亡。

（二）虚拟现实技术在教育中的应用策略

1.加强实践教学的占比

虚拟现实技术在教育中最为重要的价值就是借助人机交互提升了教学的实践性，将一些枯燥、晦涩的理论知识和文字知识转化为了模拟现实的教学场景，实现了理论到实践的转化。

但值得注意的是，虚拟现实技术的出现是为教育工作的开展提供技术上的支持，但虚拟现实技术无法取代学生实际的亲身实践，因此学校教育就需要借助虚拟现实技术与实践教学的结合，加强实践教学在教育中的整体占比，提升教学的有效性。

首先，将虚拟现实技术与实践教学进行深度的融合，重新进行教学规划与设计；其次，打造理实一体化的教学模式，建立实践性的虚拟现实学习与实验平台，促进理论教学与虚拟实践的有机结合；最后，依托虚拟现实技术，实现虚拟化的场景呈现，利用虚拟现实技术帮助学生开展实践练习，而后借助真实的实践加以巩固，切实保障实践教学的有效性。

2.提升教师的信息素养

虚拟现实技术在教育中的应用不光是技术和工具上的引入，更需要从教学模式、课程体系、教学手段等多个层面出发，才能真正将虚拟现实技术融入教育当中，发挥虚拟现实技术的巨大价值。

在这个过程当中，教师的作用是巨大的。基于此，一方面，教师需要不断加强对虚拟现实技术的学习，更新陈旧的教育观念，积极开展情境教学，挖掘虚拟现实教学资源，为学生提供更为灵活的教学方法、更为逼真的教学场景和更为多元的教学资源；另一方面，教师要提升自身的信息素养，扩展虚拟现实技术在日常教育教学工作中的应用水平和范畴，熟练掌握虚拟现实环境的创设、仿真实验的开展方式，掌握虚拟仿真实验教学在线共享平台的应用手段，并以虚拟现实为背景调整教学规划和教学方向，提升信息化的教学能力，挖掘虚拟现实技术的巨大潜力。

3.优化虚拟现实教育平台

虚拟现实技术在教育中的应用需要依托相应的教育平台，学校在开发和选择虚拟现实教育平台时需要做好全面完善的调研工作，明确定位学校教育的方向、目标和重点，了解学生实际的学情和学习需求，对虚拟现实教育平台的功能、模块和使用方法进行全面的规划设计。

同时，要注重对平台进行分区，从模拟教学场景、仿真实验教学、虚拟学习资源等多个模块做好相应的建设，便于教师和学生的操作，也为后期更新和优化做好准备。

此外，还需要针对虚拟现实教育和实验平台的应用开展相应的培训和指导活动，提升师生的操作能力，丰富教育教学的体验，优化操作流程，保障师生可以熟练掌握虚拟现实教育平台的使用方法。

虚拟现实技术在教育领域的应用是我国教育事业的巨大创新和发展，其改变了陈旧落后的教育方式，为教师带来了更加高效和可评估的教学工具，为学生提供了创新的学习方式，推动了我国教育事业的不断革新。

第四章　现代教育信息技术与课程整合

随着教育信息化的发展，教育信息技术的应用已经进入与课程整合的阶段，我们要注重现代教育信息技术与课程空间要素的整合和课程整合的形态，提高现代教育质量，实现教育信息价值的最大化。本章分为现代教育信息技术与课程整合概述、现代教育信息技术与课程要素的整合、现代教育信息技术与课程整合的形态三个部分。主要内容包括信息技术与课程整合概述及国内外研究、现代教育信息技术与课程整合策略及案例、现代教育信息技术与课程空间要素的整合、现代教育信息技术与课程实践要素的整合及现代教育信息技术与课程整合的特点等方面。

第一节　现代教育信息技术与课程整合概述

一、信息技术与课程整合概述

（一）信息技术与课程整合的概念

信息技术与课程整合可界定为"应用信息技术的理念与工具整合整个教学，从教学目标的设置、学情分析、教学媒体工具的选择与设计、教学活动组织、教学方法与策略的选择与制定、教学内容的精心编制与设计直至教学评价的全过程，进而进行学科教学以提升教学效果，促进学生学习"。

信息技术与课程整合的内涵包括三个方面：①信息技术与各个学科教学的整合，如将各种教学媒体融合于课程教学中，方便教师的"教"；②信息技术与学习活动的整合，如让学生开展小组学习、合作学习、探究学习等，方便学生的"学"；③学科教学与学生学习活动的整合，用以提升学生的实践活动能力与创新能力。

（二）信息技术与课程整合的目标

信息技术与课程整合的总体目标就是要通过现代信息技术（特别是多媒体和网络通信技术）所提供的信息化环境，形成一种全新的教与学方式，从而彻底变革传统的教学结构，培养出大批21世纪所需的创新人才。信息技术与课程整合的具体目标，即通过整合优化教学过程，提高教学效果，促进教学相长，最终提升学生的信息素养。教师和学生在整合过程中要达到的具体目标会略有不同，但两方面目标密不可分，彼此相互促进。

1.教师的整合目标

在信息技术和课程的整合过程中，教师是进行有效整合的掌握者和倡导者。这种新型课堂模式对教师的信息技术能力提出了较高的要求，如操作计算机的基本技能、具备良好的信息素养和分辨信息真伪优劣的能力、熟练使用信息技术辅助教学设计的能力、培养学生掌握信息时代下学习方式的能力。

（1）提升信息素养

在教育信息化的进程中，教师要实现信息技术与课程整合，必须提升自身的信息素养。具体而言，应该掌握信息检索、加工与利用的方法；掌握常见教学媒体选择与开发的方法；掌握信息化教学设计方法；掌握课堂信息化教育实践方法，如课堂信息化教育实践模式、多媒体网络教学系统的使用方法；掌握教学媒体、教学资源、教学过程与教学效果的评价方法等。

（2）促进教学方式的根本性变革

在许多传统的教学方式中，如常见的"满堂灌"方式，教师对知识讲解得系统、充分，逻辑性强，赋予了知识高效率的特点，却忽略了学生的知识主动建构与创新能力的培养。通过信息技术与课程整合，教师可以利用信息化的教学模式，充分发挥学生自主、合作和探究学习的能动性，从而改革传统教学方式。

（3）实现信息技术与学科教学的"整合"

"整合"就是把信息技术融入课程、融入教与学的过程以及融入课堂中。这里的课程、教学和课堂是主体，信息技术则是一种不可缺少的新颖的学习手段和方式。在这种有机整合的过程中，信息技术将作为演示工具、交流工具、认知工具、个别辅导工具、研发工具、提供资源环境的工具等来充分发挥其教学功能。

（4）优化教学过程，提高教学质量和效益

在先进的教育思想、理论（尤其是建构主义理论）的指导下，教师要把以计算机与网络为核心的信息技术作为促进学生自主学习的认知工具与情感激励工具来促进传统教学方式的根本变革（也就是促进以教师为中心的教学结构与教学模式的变革），从而达到培养学生创新精神与实践能力的目标。

2.学生的整合目标

学生是有效整合的实践者，也是最主要的培养群体，教师应注重培养学生以下能力：运用信息技术的能力，利用共享资源自主学习、合作学习的能力，利用信息技术进行创造性学习的能力。具体体现在以下几个方面。

①培养学生的创新精神和实践能力，培养学生在课堂中的创新思维。在传统课堂中，学生只是倾听者，而现在更重视学生的探索能力、动手能力和创新能力，让学生自己发现问题，探索问题的解决方案。

②培养学生良好的信息素养。包括培养学生的信息意识、信息知识、信息能力与信息伦理道德。

③培养学生终身学习的态度和能力。

④培养学生掌握信息时代的学习方式。包括会利用资源进行学习；学会在数字化情境中进行自主发现式学习；学会利用网络通信工具进行协商交流、合作讨论式的学习；学会利用信息加工工具和创作平台进行实践创造式学习。

⑤培养学生在课堂中的主体意识。学生根据学习中的实际需求，将信息技术作为演示工具、交流工具、辅导工具、资源共享工具和研发工具。而教师应给学生提供机会和平台，组织和引导学生进行观察、实验、猜想、验证、推理与交流。通过学生的有效参与，让学生在相互合作的情境中自主学习、探究问题、解决问题。

⑥培养学生在课堂中的协作能力。传统课堂中，一般只重视个人能力，很少注重培养团队协作学习的能力。而在新型的教学模式中，学生可以不受地域和时间的限制，在进行分布式的独立学习后，还可以进行团体协作、讨论探究、归纳总结等合作学习。

3.实现教学整合目标

（1）创设课堂情境，丰富学科知识

在信息化时代，信息技术最基础的应用就是依托网络和多媒体技术，把所需的资料以声音、视频、图片和动画等形式有效集成，既丰富了教学内容，又激发了学生学习的主动性和积极性。

（2）利用虚拟现实优化课堂结构

在信息技术的辅助下，教师在教学中可以用虚拟来模拟现实，如部分解剖实验、化学反应实验、分子结构等。既实现了传统课堂难以体验的活动，又激发了学生的学习兴趣，提高了课堂的有效性。

（3）整合网络资源，提升课堂效率

一般来说，在各学科中都有专业的软件和工具。通过对本学科工具的开发和整合，直观地让学生观察知识之间内在的变化和联系，增强学生的信息意识，拓宽知识面。

（三）信息技术与课程有效整合的基本原则

信息技术与课程整合是否有效，可以从三个方面衡量：一是看学生的学习效果和效率是否得到了提高；二是看学生是否形成了良好的信息素养；三是看信息技术与课程的整合是否促进了学生终身学习能力的形成。要实现这三个标准，需要遵循有效整合的基本原则。

1.有价值的学习共同体支持

学生进行小组学习讨论或形成良好的学习共同体，能够加深对知识的理解，互相帮助掌握技能。在信息技术支持下的合作学习中，学习者的个人目标和小组目标之间是积极的相互依赖关系，即只有小组成员都完成了各自的目标，才能获得成功。这是一种"荣辱与共"的交互方式，不仅锻炼了学习者的团队协作能力，同时提升了整个学习共同体的学习效果。

2.联系学生真正的生活和社会文化背景

在生活化的情境下进行学习，可以使学习者充分利用自己原有认知结构中的已有经验同化当前学到的新知识，从而产生有意义的学习。在技术整合的过程中，教师可以利用信息技术为学生创设真实的问题情境，结合时代背景激发学生学习与探究的兴趣。例如，在《信息技术基础》的"多媒体信息的加工与表达模块"中，学习利用图形图像处理工具制作宣传海报，就可以选取"神舟十二号"飞船成功发射的例子，进行情境渲染，制作关于"飞天圆梦"的宣传海报。

3.创作支持性和挑战性的环境

支持性是指教师所提供的一切帮助都应该为学生富有成效地参与学习活

动提供条件；挑战性是指要激发学生的创新思维、参与意识，而不仅仅是被动地接受知识，更应主动地投入学习当中。在以任务驱动或问题为核心的教学策略的应用中，教师要经常利用信息技术为学生设计支持性的学习环境，让学生以接受挑战性任务的方式进行学习。

4.采取多种正式或非正式的评估方法

信息技术的发展为实施多样性的评价提供了支持，既可以对动态的学习过程进行评价，对复杂的思维过程进行测量评估，也可以对学习结果进行多角度测量。如利用"电子档案袋"的方式收集学生的作品、参加小组讨论的记录、自评与他评的材料、各种测试成绩、自己的反思等。我们还可以利用网络协作学习平台自动记录学生在平台上发布的个人作品、讨论发言、与远程伙伴的协作交流等学习活动，实现对动态的学习过程做评价。

5.教师要加强助学策略指导

在教学设计中，教师要把助学策略作为教学策略的重要组成部分，以帮助促进学生学习。在信息技术的支持下，助学策略实施会更加有效。例如，通过媒体提供形象的学习材料，促进学生进行有意义的学习；引导学生进行自我监控；要求学生反思学习过程，形成问题并解决问题；向学生演示如何把知识、态度和情感迁移到其他情境或任务中。

二、信息技术与课程整合的国内外研究

（一）国外信息技术与课程整合的研究

关于信息技术与课程整合的概念界定，美国国家教育技术标准赋予了权威的阐释：在日常教育教学中，利用技术支持与加强教与学的过程。而后，在美国2000年召开的CEO论坛中，将信息技术与课程整合的理念概述为数字化与学科课程整合，即将信息技术运用到教学的各个层面并进行教学实践，创设优质数字化的学习环境。国外相关学者也对信息技术与课程整合的理念进行了阐释。国外研究表明，信息技术与课程整合对教学实践具有指导作用，不仅能提升教师在实际教学中整合信息技术与学科知识的意识，而且能促进学生学习。信息技术作用于教学实践，在实际教学中进行信息技术与学科内容整合，可提升教学质量、促进学生学习。

信息技术与课程整合的理念不仅作用于教学实践，从而促进学生学习，而且在教师信息化培训及课程研讨方面也有重要功用。

（二）国内信息技术与课程整合的研究

目前我国在信息技术与课程整合的理念引入、深化与研究趋向方面已取得了不少颇具价值的研究成果。

关于信息技术的界定可总结为信息技术即应用计算机、网络及多媒体的组合功用，包括硬件及软件的组合，对信息进行输入、存储、加工、分析与应用的技术总和。而且，还包括信息的输入、存储、加工、分析与应用的技术方法。总之，信息技术概念的内涵与外延在教育领域的不断发展、深化推动了教育教学的发展，促进了学生的学习。关于信息技术与课程整合的界定有多种诠释。国内学者南国农将信息技术与课程整合的相关概念阐述为"信息技术与课程整合是将信息技术融入教学，并成为一体，使之成为教师教学与学生学习的重要工具与一种教学形态及教学媒体手段"。李克东认为，信息技术与课程整合是在学科教学过程中，运用信息技术、教学资源、教学媒体、教学方法等教学要素与学科内容整合为一体，以此完成教学任务的新型教学方式。总之，信息技术与课程整合的本体理念的思考促进了整个教学效果的提升，为教育教学提供了新的教学思路与方向。

随着信息技术与课程整合理念研究的不断深入，国内学者将信息技术与课程整合的理念引入教学实践，与教学设计相结合。例如，网络、计算机与多媒体技术与教学的深入整合对教学内容、课程材料的开发设计等一系列教学环节具有指导作用。

在信息技术与课程整合的师生角色定位与关系方面也有相关研究。国内学者以何克抗为主要研究者与发起人，不仅对信息技术与课程整合的概念进行界定，并在此基础上提出师生教学角色定位的重要性，即教师主导与学生主体的教与学关系，阐述了信息技术与课程整合既要关注学生的主体地位，同时也要注重教师在教学中的主导地位。所以，在信息技术与课程整合指导教学设计的研究过程中，应重视教师教学的主导地位，引导、启发、教授与监督有助于学生系统地掌握知识与技能，使学生习得的知识与技能不零散、割裂，更加科学与系统化。同时，创设新型的教学模式以促进教学变革，并提高教学效率。国内学者余胜泉认为，信息技术与课程整合的理念应用于教学实践，需要以相关的学习理论为指导，特别是教师主导—学生主体的教与学的理论，从而促进传统教学方式变革，以促进学生学习。

（三）国内信息技术与课程整合的实证研究

信息技术与课程整合的理念辐射、覆盖整个教学实践并对教学设计具有指导作用与重要影响，是教学设计中需要考量的重要因素。关于信息技术与具体学科内容整合的研究已扩展到具体学科。例如，数学、语文、地理、物理、计算机、化学、生物、外语等各个学科领域。从研究成果的数量比例来看，信息技术与课程整合理念与理工科类内容整合的研究成果较多，人文学科相对较少。其中，许多国内学者特别提出了信息技术与课程整合理念指导教学设计以及在整个教学过程中的重要作用，即每个学科都有独特特质，普适性的通用技术已过时且不可行，应结合具体学科的实际特点将信息技术通过设计的方法整合到整个教学过程中。

（四）基于信息技术与课程整合理念的国内外研究趋向及路径

探索信息技术与具体学科内容整合并指导与优化教学设计已形成一定的研究趋向，且对教学产生了一定的作用与影响。因为教学设计是教学的核心环节，也是教师进行有效教学的前提与基础。所以，对教师而言，应以教学设计为基点改良教学，培养与发展自身的知识创建与设计能力，即教师能够熟练地、有创造性地依据实际的教学情境设计出整合课程。

总之，关于信息技术与课程整合理论指导下的教学优化设计的研究趋向日益成熟，与之相关的研究可以促进教学专业化、教育技术渗透化。

三、现代教育信息技术与课程整合策略

（一）整合教学资源

信息技术与课程整合最基本的功能是丰富教学资源。教师要不断了解新理论，不断给学生补充新知识。而在信息技术参与课程整合的模式下，教师的工作量大大减少了，教师可以引导学生积极关注课程发展动态，在网络上，学生可以查看课程相关的期刊、专著、新闻报道等，这能够完善学生的理论知识，培养他们应用课程理论解决现实问题的能力。

（二）打造立体教学课堂

利用信息技术可以创设更真实的情境，打造更加立体的课堂。在信息技术参与课程整合的模式下，课程可以以"情境—探究"的模式展开。信息技术是一种有效的认知工具，信息技术参与整合的课程可以构造两种情境模式，其一是理论情境模式，其二是探究情境模式。教师可以根据课程的性质采取不同的教学模式。

信息技术作为获取学习内容和资源的学习工具、协商研究和交流讨论的通信工具以及构建模型和实践检验的操作工具，可以用来打造更加立体化的课程。学校要完善教师信息技术的培训机制，可以组织教师通过多种方式、多种途径进行培训学习，如学校组织的正式培训、到先进地区的观摩学习、小组内部的互相讨论学习、开展各种评比活动等，以提高教师的信息技术应用能力，增强教师采用新技术的信心。

（三）构建评价机制

基于课程整合对课程的考核评价方式进行改革创新，可以提高课程整合的效率。在进行课程评价体系建设时，教师应该遵循学生主体、能力目标、任务载体、教学一体化原则，建设理论与实践技能考评相结合、过程与结果综合考核的课程评价体系。

深化课程体系、完善专业课程体系有利于促进学生的全面发展，有利于提高学生的专业水平、职业素养和操作技能，也能帮助学生发展创新能力和实践能力。这些对于学生日后的工作十分重要，还能激起教师的热情，提升教学和科研活动质量，推进信息技术整合的课程不断向前发展。

四、基于"电机学"的现代教育信息技术与课程整合案例

（一）研究背景

"电机学"是电气工程及其自动化专业中起承上启下作用的一门专业核心基础课，其理论性、实践性和应用性较强。通过本课程的学习，学生可以深刻理解并切实掌握电力系统中各类电机的电磁关系、参数计算方法及暂态稳定性分析方法，从而为电气工程领域相关课题的研究奠定坚实的基础。

充分利用"互联网+"时代背景下的教学优势，将慕课、微课、翻转课堂、虚拟现实技术等前沿技术引入"电机学"课程教学过程中，彻底打破了传统的教育模式，给广大电气类专业的学生提供了更有效、更高质量的"电机学"课堂教学服务。

基于"电机学"的现代教育信息技术与课程整合案例自2018年立项开题后，课题组成员高度重视，通过参会学习、内部研讨、阶段实施方案讨论等方式展开研究。在项目实施过程中，课题组以将"互联网+"技术引入"电机学"课程教学模式创新改革活动中的新思路和新方法为指导项目研究的原则，完善"电机学"课程多元化教学模式，为广大师生创造更理想的线上线下学习的良好环境。通过项目研究，完成了以下工作：

基于虚拟现实技术，运用3ds MAX技术分别对变压器、汽轮发电机、水轮发电机、交流绕组、直流电机、异步电机进行三维建模及场景模型搭建，共计建模总数23个，搭建完成较为完善的电机3D元件库。

（二）整合策略

1.搭建电机结构部件3D元件库

相对于更为传统的教学模式，生活在知识呈指数级扩张的数字"互联网+"时代的学生，更加需要运用基于三维、触摸和虚拟现实技术的教学模式，创造视觉、触觉和听觉的现实感和多元化学习模式来促进对理论知识的理解与升华。在"电机学"课程的实际教学中，因客观条件限制，学生很难接触到实际系统中真实运行的各类电机；同时由于教学用电机模型体积大，教师不便带入课堂，学生主要通过想象和教师单纯的对电机结构图片的讲授完成对电机内部结构的认知和学习，使学习理解较为困难。因此，对这种存在认知困难的教学模式进行综合改革十分必要且迫在眉睫。

3D虚拟增强现实技术是虚拟现实技术与增强现实技术相结合的产物，借助多媒体、人机交互等多种计算机技术，以及构建高度仿真的虚拟实验环境和实验对象的新兴技术。学生可以在虚拟环境中开展实验，实验效果、反馈与真实实验完全一致。3D虚拟增强现实技术在教育中的应用是以可视化的3D立体模型为基础的，通过启发式、项目体验式的教学方式，综合应用VR、AR技术，创设沉浸性、交互性、真实性强的学习情境，完善探究学习和认知的过程，培养学生综合应用所学知识解决实际问题的能力。将3D虚拟增强现实技术引入"电机学"教学中，能够将平时难以讲述的、现实生活中不易观察到和展现的电机内部结构及其变化过程通过3D虚拟技术进行呈现，为学生提供立体、生动、交互性强的学习资源，有效地减少学生的认知负荷。

基于"电机学"课程教学任务的要求，利用3ds MAX技术分别对变压器、汽轮发电机、水轮发电机、交流绕组、直流电机、异步电机进行三维建模及场景模型搭建，共计建模数23个，搭建完成较为完善的电机3D元件库，实现了360°环视及零件的拆卸和拼接操作，可用于方便地讲解和学习电机内部的复杂结构。

2.建设虚拟电机实验仿真平台

以虚拟现实技术为基础，运用3ds MAX对电机各部件进行三维建模，建立场景模型，形成较为完善的电机3D元件库。在此基础上，利用VR虚拟仿真实验室开发平台，研发应用虚拟交互技术和外部编程接口技术构建的电机装配和运行的交互式远程"虚拟电机实验室"仿真平台。该仿真平台由"教学模式"和"自习模式"组成。

在"教学模式"中，教师将实验室全景展现在巨幕上，通过带定位传感器的手柄和眼镜面向屏幕进行各类实验操作和展示3D动画过程；学生则通过佩戴专用的3D眼镜听讲和观看，在半沉浸式的环境中学习。在"自习模式"中，学生通过使用遥控手柄和VR眼镜可实现对直流电机、水轮发电机、异步电机和汽轮发电机的虚拟交互性装配及其运行特征分析，从而获得沉浸式的虚拟实验室体验。

3.建设"虚拟现实'电机学'教学平台"

利用WordPress技术建设"虚拟现实'电机学'教学平台"，平台分为虚拟实验室、线上微课堂、科学家长廊三大板块。有效的课堂互动是提升课堂教学质量的重要保障，平台提供的互动功能不仅可以完成良好的师生互动，也可实现有益的生生互动，让教学不再是"一言堂"，师生之间的思想交流变得方便有效。该平台的主要功能包括以下几个方面。

（1）漫游演示功能

"虚拟现实'电机学'教学平台"利用漫游宣传视频、各类电机模型的环视和简单讲解视频，实现对变压器、汽轮发电机、水轮发电机、交流绕组、直流电机、异步电机进行360°旋转，利用透视技术看到隐蔽结构的学习方式，使学生对电机内部结构产生深刻的沉浸感，真正实现人与虚拟环境的融合，进一步加强学生对电机结构相关知识的理解与掌握。

（2）线上微课堂功能

可视化、单元化、碎片化的"微课程+MOOC+实验短视频"多元混合线上微课堂教学模式，为学生提供了质量较高的教学资源。该平台充分利用"互联网+"的优势，以学生为中心、以消化吸收知识为目的、以培养能力素质为教学目标，通过灵活的线上线下互补的教学方式，使枯燥、单一的课堂教学模式得到较好的改善，极大地提高了学生的学习兴趣和主观能动性。

（3）了解电机发展史功能

以史为鉴，方能明智。历史不是故纸堆里的旧事，它能开拓出完全不同的新思路。为了使学生更好地学习电机知识，"虚拟现实'电机学'教学平台"提供了"科学家长廊"的功能，对电机学的发展历史进行了三大阶段的划分：直流电机的产生和形成时期、交流电机的产生和形成时期、电机理论和制造工艺逐步完善的时期，还展示了对电机学发展做出过贡献的科学家的照片、生平和研究成果。通过对电机学发展历史的学习，学生更好地了解了电机知识，激发了学生对电机的学习兴趣。

4.微课资源的制作

经过共同努力，项目组成员完成了对"电机学"课程微课资源的录制和编辑工作，为"微课程+MOOC+实验短视频"多元混合线上微课堂提供了丰富的教学资源，包括有27个知识点的小微课、4个实验指导视频、4个习题分析视频，为学生提供了丰富的插图、演示动画、高质量微课，帮助学生更好地理解教材上的抽象知识，学生可通过网络随时学习，真正实现可视化、单元化、碎片化的现代教育教学方式。

（三）实施意义

1.培养学生的自主学习意识，提高学生的基础知识水平

教师在开展教学工作之前首先应该对学生的知识基础有一定的了解，有意识地培养学生的自主学习意识，让学生登录"虚拟现实'电机学'教学平台"网站，反复观看网站提供的展示电机内部结构的3D模型动画，对电机结构产生深刻的认识；同时学生也可及时利用慕课、微课等线上学习平台自主学习，及时查漏补缺，提高基础知识水平，缩小与其他学生之间的差距。教师通过互动留言及时掌握学生的知识掌握情况，有针对性地调整课堂教学的进度和内容，让课堂教学变得更加有效。

2.重视实践教学环节，提高学生的应用能力

在实践教学过程中，教师要注重对学生进行创新创造能力的培养，促进学生的全面发展，让每个学生都养成良好的动手实践的习惯。本项目以虚拟现实技术为基础，运用3ds MAX对电机各部件进行三维建模及场景模型搭建，建立了较为完善的电机3D元件库，在VR虚拟仿真实验室平台上，研发利用虚拟交互技术和外部编程接口技术构建的电机装配和运行的交互式远程"虚拟电机实验室"，在该实验室中，学生通过使用遥控手柄和VR眼镜可实现对直流电机、水轮发电机、异步电机和汽轮发电机的虚拟交互性装配及其运行特征进行分析，从而获得沉浸式虚拟实验室体验，弥补传统实践教学中对电机内部结构和电磁波传递过程认识的不足。

3.改革教学方式，提升教学效率

"电机学"课程的内容比较多，但是学校给分配的课时数量非常有限，

而这些课时当中有一部分课时要分配到实践教学模块，所以教师能够利用的理论课堂教学时间非常少。由于受到课时的限制，"电机学"课程教师只能不断加快讲课速度，对于那些比较重要的章节可能会花费较多时间给学生讲解，但是对于一些无关紧要的章节教师往往会选择一带而过。但是这种教学方式不可避免地会使学生存在一定的知识漏洞，如果不能及时弥补，那么对于学生今后的学习必然会产生一定的影响。为了解决上述问题，并能够增加课堂教学的趣味性，项目组教师依托已研发的"虚拟实验平台"和"虚拟现实"电机学"教学平台"的线上虚拟的优势，将传统课堂教学的方式扩展为"线上+线下+虚拟"的灵活多元教学方式，使教学效率显著提高。

第二节　现代教育信息技术与课程要素的整合

一、现代教育信息技术与课程空间要素的整合

课程的空间要素包括课程研制者、课程学习者、课程内容和环境四个方面。

（一）基于课程研制者的整合

课程研制者主要指对课程进行编排、组织，并能够形成一定的方案或计划等的参与者，可能是实践相关的政府官员、实践的专家、教育技术专家，也可能是实践学校的相关领导以及课程具体实施人员，即教师。基于课程研制者的整合主要采用一定的训练或相关的探索形式，使实践研制者学习与实践有关的基本知识、基本理论，掌握现代信息技术，具备一定的实践素质，并在此基础之上形成开展现代信息技术与课程整合的基本技能，开发出符合时代需要、满足学生发展需求的信息化课程。同时在课程研制开发的过程中，课程研制者也要充分利用信息技术，收集、加工、处理、整合各种信息。在编制文字教材的同时，综合利用现代信息技术，设计、开发与教材同步配套的教学软件。

（二）基于课程学习者的整合

课程学习者主要是指学生，即学习课程的人，也是课程整合下的教学对

象。从学习者的角度来说，基于这一要素的信息技术与课程整合就是要利用信息技术来营造一种师生之间相互平等、相互尊重、共享自由的关系和氛围。

需要指出的是，学习者实质上也是课程研制者的一个有机组成部分，但在传统课程的研制过程中，往往都忽视了学生研制者这一有机组成部分，所以在这方面的整合策略还需要组织建立相关的制度，确定相关实践者的从业地位，使课程实践者形成整体结合的意识、行动能力、获得能力，让他们一同参与信息技术与课程整合的设计、落实。

在信息技术参与的整合课堂中，学生不再依赖教师，可以自主进行学习。在信息化平台上，教师和学生可以协商讨论，解决问题。所以信息技术参与整合的课程应该更加重视教学反馈、收集学情。在参与课程研制以及课程学习过程中，学生要学会利用信息技术获取信息，处理加工信息，建构自己的知识体系，学会利用信息技术与学科专家、教师、家长、学习伙伴等进行交流，同时还要不断培养自己的信息道德素养，在整合实践中得到提高和发展。

（三）基于课程内容的整合

课程内容是指各门学科中特定的事实、观点、原理和问题，以及处理它们的方式。课程内容是学习的对象，源于社会文化，并随着社会文化的发展而不断更新。

课程内容指向"学什么"的问题，在"以学生发展为本""发展学科核心素养"等教育理念指导下，课程内容要更加丰富，要把课程大纲、培养目标分析清楚，将授课计划列示清楚，包括课时安排、课程结构、实践课程比例等。在每一节课上，教师应将课程目标、课程任务、知识重难点、教学方法、课后作业等布置清楚，在上课时明确把握课程内容，使课程内容充实、清晰、重点突出。

基于课程内容的整合，主要策略有以下三个：一是要将信息技术作为课程内容，并且要确立和加强其在学习中的地位；二是其他课程内容，尤其是适宜用信息技术作为载体的，要充分利用信息技术来加以传播；三是信息技术并非万能技术，还需要为用网络用语、符号等无法表示的部分提供必要的转换空间。

（四）基于环境的整合

课程空间要素中所提到的环境是指影响人的学习、生命存在及其活动的各种文化因素的总和，它包括对人的学习具有影响作用的各种空间内的各种相关要素，同时也包括时间进程中的各种相关要素。

从外部空间整体看，情境是很特殊的实际存在的环境，包括校园环境和社区环境，其中校园环境具体来说包括教室环境（如实验室、教学场地等）和宿舍环境。传统课堂的教学设计"以教为主"，而信息技术参与整合的课堂则是"以学为主"。在信息化教学技术的帮助下，学生可以观看数字化教学资源，进行线上学习。信息技术参与整合的课程能充分调动学生的非智力因素，关注学生的情感和兴趣，指导学生进行自主学习。社区环境包括家庭环境在内。通常我们提到的实践空间，如果从人的学习、生命存在及其活动功能实现与现存状态的角度来看，其内容就更加丰富，包括生理、心理、物质、交往和活动等方面。

二、现代教育信息技术与课程实践要素的整合

信息技术与课程整合不仅存在于空间维度上，更参与到课程研制的整个过程中，从理念、目标到内容、评价等均有所涉及。

（一）信息化课程理念的整合

要实现信息技术与课程实践要素的整合，首先需要在具体实施整合前形成一种信息化课程理念。在实践中，理念能指导课程研制者的实践。这个步骤非常重要，它直接关系到以下要素整合能否成功。

（二）信息化课程目标的整合

网络技术实践目标以现有教育的目标分支为基础，突出信息文化发展的需要，具体、明确地表达学习者在通过课程学习后应表现未来的可见行为，是一系列可参照执行的基本准则。对此，我们不仅要积极地建立教育实践项目分支系统，而且要利用原有的教育实践目标要素，结合信息技术的特点，结合实践的实际，研发更新信息化课程实践目标。

（三）信息化教学内容的整合

信息化教学内容选择主要是指在选择一般文化内容时，要注意选择文化发展方向的信息技术精华，从容地将二者紧密结合，着重强调信息技术与一般文化内容之间的联系，扩大学生学习内容的范围，改变传统课程内容单一、固化、相互分离的现象。

（四）信息化教学模式的整合

信息技术融入教育领域，拓宽了教学模式的功能。传统的教学模式主要是选择适合教育的学生，优胜劣汰；信息化教学模式是选择适合各类学生的教育。信息技术环境下的教学模式一般分为课内融合教学模式与课外融合教学模式两种。这里我们主要讨论信息技术环境下课内融合教学模式，即信息技术环境下教师运用形象的语言、文字、符号、图像、声音、视频等使学生进入形象直观的世界。实施过程中主要是要变革传统的以教师为中心的教学结构，做到以学生为中心，使学生通过教师创设的协作与会话等学习环境，充分发挥自身的主动性和积极性，激发自身的潜能，以培养各种能力。

（五）信息化课程结构的整合

课程结构是指课程各部分之间的安排和组合，即所有的研究活动是如何联系在一起的。信息技术包括表面结构和内部结构。从表象层面上来说，信息技术实践是了解学生学习情况的根本技术手段，能将我们原有的单一学科信息技术实践体系发展为全学科信息技术实践体系。它也是全球实践改革的新发展趋势。在信息化课程结构层面，每一个单科领域都需要贯穿信息技术的内容。

（六）信息化课程实践的整合

网络技术实践一直是有内在的、好的技术，但是缺乏的是将这些内在的、好的技术转化成经验。经验就是在做、在错、在不断修改中沉淀的精华。信息技术与课程实践的整体结合，是要让学生在课程中深刻地理解，不要一成不变地重复机械地做事情。在过去的课程实践中，"内容"变成了独立于学习者的特殊文化，教育是向学生灌输外在"内容"的过程。要解决这一问题，必须要形成内在经验的思维模式，运用实践构成新的方式，将经验转化为现实。

（七）信息化课程实施活动方式的整合

课程实施是指将新课程计划付诸实践的过程，研究的重点是在课程计划实施过程中实际发生的情况，以及影响课程实施的各种因素。信息化课程实施活动是指在信息化课程实施过程中进行的各种教学活动，如教学、自学、管理等。当前，学校教育中采用了多种课程实施活动方式，如探究研究、组织活动、发现选择、合作学习等。多样化的课程实施活动能更好地促进学习经验的转化。

（八）信息课程评价技术和方法的整合

课程评价是在课程开发过程中通过对课程价值的调查、分析、判断，逐步达成共识，促进课程不断改进和发展的反馈环节。这个环节不仅是信息技术与课程实践要素整合过程的结束，同时也是下个整合过程的开始，它对其他环节起着修正和改进的作用，使整个系统更适合于信息技术与课程整合的发展。

第三节　现代教育信息技术与课程整合的形态

一、课程形态概述

（一）课程形态的概念

长期以来，关于课程问题的讨论大多集中在课程的内容方面，而对课程形态的讨论却很少。在《新课程论》一书中，曾经提到过课程形态包括多种组成部分，并根据学校育人的要求逐步形成各组成部分，它是不断变化和发展的。这使我们意识到课程形态是课程内容及其载体和实施方式的动态组合模式。信息化带来了课程形态的变化，而课程载体的变化会导致课程实施方式的改变。信息在不断更新，人的一般知识也会随之更新，即课程载体的变化会导致课程内容的相应变化。内容、载体和实施方式中任何一种发生改变，其他方面也会有相应的变化。

（二）课程形态的演进

课程形态没有明确的阶段划分标准，课程形态也是不断发展的。最初的课程始于人类的原始时代，课程的实施主要通过长者示范的方式进行，是没有承载性的阶段。20世纪中叶以后，课程形态发生了很大变化。学科知识结构强调知识的逻辑，学科知识结构成为课程设计的依据。活动课打破了学科界限，强调在活动中学习。

在"云课程"阶段，学科知识与个性化学习统一，课程内容呈现方式由单一转向多维，由平面转向立体，由静态转向动态，由纸面转向光盘、数字存储、云存储等多种传播方式。从"云课程"这一课程形态来看，信息技术成为推动学校课程形态变革的重要力量。媒介技术的每一次革新，在课程内容、课程载体、实施方式等方面都产生了深刻的影响。媒体工具（如口语、表情、语言、非语言符号、文字、绘画、印刷品、电讯、电话、唱片、电影等）使课程形态更加丰富多样，互联网信息技术正在改变传统课程形态的格局。

二、现代教育信息技术与课程整合的特点

信息化在教育中的应用越来越广泛，它直接影响到课程的载体和间接的课程形态。信息技术与课程整合要以最优化的方式传递给学习者学习内容，使学习者在整合课程内容学习中获得最优化的发展，因此，要最大限度地发挥信息技术与课程整合的作用，以信息技术为基础的新课程形态将促进教育领域课程与教学理论的创新与完善。另外，信息技术与课程的有效整合，可以丰富课程资源，促进教育公平，同时也能改变教师的教学观念、教学模式、教学方法等，对整个教育领域产生深远的影响。基于信息技术的多媒体化、虚拟化等特点，将信息技术融入课程教学中，将从课程实施方式、课程载体、课程内容、课程资源获取途径、师生课堂互动渠道、师生关系等方面促进课程形态的演化，使信息技术与课程教学深度融合。

（一）课程载体形式的丰富

信息技术的发展推动了课程载体的发展，使知识的表现形式呈现富媒体化特征。通常，在古代和近代，知识主要是借助羊皮、竹简、丝帛、纸张等载体得以呈现；在信息技术支持下，课程的载体超越了纸张，以电子教材、光盘、数字存储、云储存等多媒体以及虚拟现实、增强现实等互动媒体作为载体，使课程载体呈现富媒体化特征。

（二）课程内容的多元化

课程载体的变化还反作用于课程内容的构建，人类的整体知识将更多地被纳入课程领域。以往作为课程内容主要载体的纸质材料，也限制了课程内容的发展。"云课程"集学科知识、声音、视频、图文等于一体，其中一些知识适合用纸质材料记载与传播，但也有适合用现代信息化技术来呈现的，如体育、音乐、美术等艺术课程可以运用现代信息技术营造立体的学习空间，使更多的学习内容进入学习者的视野。信息技术的介入使学习者的学习更加动态化。

学校办学条件对传统教育的质量有很大的限制，但网络教育不同，网络教育具有较大的灵活性，能够更好地整合资源，充分利用有限的资源提高教学效率。传统的面对面教学，学习资源主要来自教师，来自教室。而在信息技术支持下，学习者可以通过因特网获得一系列课程资源，如精品资源共享课、视频公开课、大规模在线开放课程等。因特网课程主要是通过信息技术与课堂教学相结合而形成的，是对信息技术课程主题理念的展示。因此，利用信息技术可以寻找到相当丰富的课程资源，并且多媒体化的教学场景使教学情境更真实地呈现在学习者面前，有利于培养学习者的创造性思维、发散思维和联想思维。

另外，信息技术与课程的有效整合为广大师生带来了丰富的课程资源，也使学校教育突破时空限制，极大地提高了教育资源的利用率。

（三）课程教学的互动性

不管时代如何变迁，师生互动总是课堂中不可缺少的一环。传统课堂上教师与学生之间的互动基本上是在课堂中进行的，这种面对面的实时互动使教师和学生都能表达自己的观点。在信息技术环境下，许多网络课程也为学生提供了答疑解惑的平台，时空不再是沟通的障碍，师生之间借助通信技术就可以实现同步或异步的远程课堂互动。信息技术进一步拓展了师生互动的方式，在实际应用中要结合实际需要灵活选择。

三、现代教育信息技术与课程整合的模式

（一）信息技术作为学习对象

信息技术本身就是一门课程，它包含基本的计算机基础知识、操作系统以及应用软件的使用。除此之外，我们也应当了解信息技术给社会各个领域带来的变化和问题。

信息技术实践的主要目的是以扩展学生的网络资源、信息要素为出发点，把网络技术当作研究的对象，使学生学习网络技术的基础技能、原始工具的使用，有效地掌握高端网络技术的基础知识。但学习信息技术并不仅仅是为了学习信息技术本身，更重要的是要让每个学生形成自己的个性，并得到更好的展现，会运用信息技术手段促成多方的交流、合作，打开眼界，提高判断水平，做好终身学习的准备。

（二）信息技术作为学习工具

在信息技术与课程整合的过程中，信息技术不只是辅助工具，更重要的是对一种理想学习环境的构建，形成一种全新的学习方式，实现学生的自主探索、多重交互、情境创设、合作学习、资源共享等。

①演示工具。这是信息技术用于各个学科最初的表现形式，也是目前大部分教师采用的形式，如使用PPT等教学软件、多媒体、投影仪代替黑板等传统媒体。

②辅导工具。目前，微课、慕课、翻转课堂以及远程课堂的兴起，打破了传统课堂时间和空间的限制，也打破了传统课堂的教学模式，提高了学生的学习兴趣及课堂效率。同时有效使用信息技术也可以代替教师的部分工作，如练习、出题、评定、网上阅卷等。

③研发工具。在传统课堂中，学生只是倾听者，而现在更重视学生的创新精神、探索能力和动手能力的培养，让学生自己发现问题、构建问题和提出解决方案。这时候，信息技术扮演了研发工具的角色。

④远程交流工具。信息技术让课堂变成无时间和空间限制的新型课堂。师生、同学间可以在任何时候进行交流和沟通，既可以群体讨论，也可以一对一讨论，任何人都可以畅所欲言，发表自己对问题的见解，打破了传统教学中学生作为倾听者的状态。由此可见，信息技术提供了很好的交流平台。

⑤教学管理工具。使用信息技术可以帮助教师进行教学管理，可以自动跟踪学生的学习情况和成长情况，可以通过跟踪学生的成绩或者作业等情况来总结某一阶段学生的表现。

（三）信息技术作为学习环境

信息技术作为学习环境，就是指在信息技术构筑的环境中学习。在这样一种形态下，信息技术扮演了环境的角色，这个环境包括物理环境、资源环境和社会性环境。这种形态一般融入前两种形态中，不单独发挥作用。利用网络资源可以对课程各部分内容进行直观的展示和描述，而且网络上提供了大量的专业学习资源。

1.物理环境

信息技术提供的物理环境主要是指由各种信息技术、信息传播媒体及运作软件组成的环境，如设备、媒体等物质性环境。目前越来越多的中小学在加紧建设计算机教室、多媒体综合教室、电子阅览室、多媒体语音室等，配置数字幻灯机、投影仪、实物展示平台等，信息技术物理环境的建设已初具规模。

随着信息技术自身的发展，这些原本独立的环境逐渐融合起来，形成了目前中小学中应用最为普遍的"多媒体网络教室"。一般来说，多媒体网络教室包括虚拟因特网教室、电子阅览室和多媒体语音室，其主要功能包括教学示范、广播教学、屏幕监视、资源共享、个别辅导、协作讨论、远程管理等。多媒体网络教室是由实践客体机、实践主体机以及汇总支持器构成的。实践客体机和实践主体机联系起来构成大平台的教学网络，而大平台的媒体影音多通过转换影音设备与实践客体机相连。教学网络平台由数据汇总支持器转换到中心处理服务器完成，再把打印设备、扫描设备、投影设备的外置设备连接到中心处理服务器上，接受平台媒体影音教学网的控制和支配。中心处理服务器能和校园网的多媒体教学网连接，进行信息交流。

2.资源环境

信息技术提供的资源环境主要是指利用信息技术提供丰富的教学材料和资源，是以提供教学信息服务为主的系统。该系统的特点：一是拥有大量的信息资源；二是提供自由的访问权限。这些资源是针对教学目的而设计的，但有些资源并非为教育而设计，但因其具有教育利用价值而被用作教学资源环境，如电子化图书馆。

利用信息技术构筑的资源环境具有三个方面的性质：选择性、结构性和开放性。随着信息技术教育环境在中小学的不断完善，各种教学和学习资源也逐渐积累起来，信息技术平台能为中小学教育提供网络书刊、模仿场所、数据集合、电子百科、教育网站、电子论坛、虚拟软件库等素材。

3.社会性环境

信息技术提供的社会性环境主要是指利用信息技术，特别是计算机和网络通信技术，可以为学习者之间、师生之间、师生家长三者之间创造和提供一个相互交流、相互学习的平台。

这种社会性环境中既有真实的人与人之间的交互行为，也有人与虚拟的学伴之间的交互行为，如虚拟学伴、统一合作的实验场所、模拟的实践场所。统一合作的实验场所把现实的实验情境与模拟的实践合成在一起，它采用高端的网络手段解决现实的问题。统一合作的实验场所把实践者分成很多部分，所有实践小组都会组成一个小型社会。在整个过程中，只有组织者、领导者能够获取最大的资源，其他成员只是向组长表述想法和观察实验过程和结果。而且，每个部分的每名参与者都会有自己负责的方面，主体在整个过程中对每名参与者的表现、成果进行把控。模拟的实践场所是指用高端的网络技术建造的实践区域，使不在同一处的组织者与参与者都能够及时了解到所有的情况，还可以用网络边界的通信功能，做正常实践场所能做的活动，还可以不同步教学。

第五章　云计算环境下的教育信息资源建设

云计算环境下的教育信息资源也出现了新的变化，云计算为优质教育信息资源的共建提供了一种全新的手段和模式，在教育领域拥有广阔的应用前景。本章分为教育信息资源的类型，教育信息资源的建设，教育信息资源的共建机制，教育信息资源价值评价模型四个部分。主要包括教育信息资源的概念、内涵、要素及特征，教育信息资源的不同分类，教育信息资源建设的背景、研究现状和开发、利用、管理的方式，教育信息资源的区域共建、利用共建、知识管理共建和云环境共建机制等内容。

第一节　教育信息资源的类型

一、教育信息资源概述

（一）教育信息资源的概念

教育信息资源是教育领域中被开发和利用的信息资源。信息资源如果仅仅被狭义地理解为信息，就无法反映资源的使用价值这一本质特征。因此，我们不仅应将信息纳入信息资源的范畴，而且应将能在具体社会活动中被充分利用和创造社会价值的相关信息活动因素和机制也纳入信息资源的范畴。这无疑对指导人们开发和利用教育信息资源具有积极的现实意义。

（二）教育信息资源的内涵

教育资源与现代信息技术的融合，使其发展成了以计算机技术为特征的教育信息资源。教育信息资源是一个广泛适用且定义模糊的概念，是教育信息化建设工程中的系统组成部分，需要软硬件的协同发展。狭义的教育信息资源是指以电子化、网络化技术为特征的教育信息来源。从以数据为王到以用户为中心，教育信息资源从以纸质印刷和简易视听媒体为代表的传统资源阶段，发展到了以计算机网络和数据库技术为代表的数字资源阶段，现已进入了以Web2.0为代表的信息资源动态发展阶段。

（三）教育信息资源的要素

教育信息要实现其发展功能必须依靠一个有效的机制，这个机制就是以教育信息为核心的、包含教育信息发挥其发展功能的密切相关要素共同构成的一个有机体系。作为一个有机体系，教育信息资源由以下几种要素构成。

1.核心要素

教育信息是教育信息资源中的核心要素。教育信息包括教育内容信息和教育本体信息两大基本类型。这些类型的信息都是教育系统发挥其基本功能——促进个体发展进而促进社会发展的直接决定因素。因为，教育内容信息塑造未来公民，是决定个体发展方向的最直接因素。教育本体信息又包括教育系统状态、规律信息和调控信息，均是保障教育系统朝着既定目标有序运行、最终实现教育系统发展功能的必要条件。如果没有教育本体信息，教育主体（包括教育者和受教育者）、教育内容和教育物资（包括教育媒体）等系统要素将无法形成合理的关系，人们就无法在教育实践活动中达成预期的目标，教育系统的输出——受教育者的身心塑造就无法满足社会发展对未来公民的各项要求，教育也就无法促进社会健康地、可持续地发展。

2.保障条件要素

教育信息——教育内容信息和教育本体信息，要实现其发展功能，必须具有相关的人力资源等因素的保障，这些相关的保障条件要素具体如下。

（1）教育信息化人力资源

在信息化教育中，人是首要的因素，没有具备一定信息素养且拥有适应教育信息化要求的教与学的观念、方法和技能的教师和学生，教育信息资源体系中的其他要素就无法被运用到教育过程中，教育信息资源的核心要素——教育信息也就无从发挥其教育价值。我国学者杨晓宏指出："为了实现教育信息化，需要培养大量掌握信息技术基础知识、具备信息技术应用能力的教育信息化人才。……教育信息化人才有两层含义：一是通识型教育信息化人才，这是对在教育领域从事教育、教学、管理及其他服务的各类人员而言的，是对该领域全体人员信息技术知识、能力和素质的共同要求；二是专业型教育信息化人才，主要是指专门从事教育信息物态化技术和智能形态技术的研究与开发、教育信息化建设、教育信息化应用和维护的专门人才。一般来说，对通识型教育信息化人才的要求是应具备基本的获取、分析和加工信息的能力；而对专业型教育信息化人才的要求更高，分工更细，可以是高级软件人才、网络工程师或微电子技术专业人才等。"

（2）教育信息技术、设备和设施

这是指当前开展信息化教育的各种信息技术平台所涉及的技术、设备和设施，不仅包括各种数字化、网络化技术和设备，还包括各种基于模拟技术和光学技术的设备，如幻灯机、投影机、电影、VHS录像机等；不仅包括单机设备，还包括各种系统和平台，如多媒体教室、校园网、校园双向闭路电视网、数字图书馆等。

（3）教育信息管理机制

早在约40年前，美国学者约翰·奈斯比特在《大趋势：改变我们生活的十个新方向》一书中就曾预言："失去控制和组织的信息在信息社会里不再构成资源，相反它成为信息工作的敌人。"近年来，我国教育信息化发展迅猛，目前已经开发出大量的诸如多媒体课件、网络课程等经专门设计而形成的教育信息资源。此外，还有海量的诸如国家图书馆数字资源、因特网资源等非设计教育信息资源。面对信息海洋，如何保障教师和学生能高效、快捷地查找到当前教学中需要的信息，从纷繁复杂的信息中甄别出优质教育信息，是一个非常重要而紧迫的课题。这就涉及如何建立和健全适合我国教育实际情况的教育信息管理机制问题，即如何形成一个将教育信息组织成有序而优化的信息系统所涉及的相关立法、政策、标准、技术和方法等体系。

（四）教育信息资源的特征

教育信息资源展现出了以下五项特征。

①集成性和模块化。教育信息资源集成了大量应用，功能的实现也都需要依靠独立模块来完成。

②分布广泛和易用化。网络平台易用化程度不断提高，适用对象广泛，适合不同年龄段的用户进行长期学习。

③可表达性。从"可读"到"可读可写"，用户不再是信息的纯粹消费者，而具有了创建、更新和评价信息的能力。

④针对性和共享性。根据自身需求，用户可以找到适用的信息，不同学习者通过互联网可实现学习资源的共享。

⑤优胜劣汰和反馈性。资源的优劣不仅取决于技术手段，用户的体验反馈也是决定资源优劣的关键。

二、教育信息资源的分类

教育信息资源是一个庞大的资源体系。可以按照时间、地理区域、载体类型、语种、学科性质、层次级别等进行划分，也可以根据教育资源关联性功能特点等进行划分。

（一）教育信息资源的基本类型

广义的教育信息资源包括"用于教育的信息"和"关于教育的信息"两大基本类型。

1.用于教育的信息

第一大类教育信息是"用于教育的信息"，即作为教育内容，也就是作为待传承内容的社会文化信息。我们可称之为教育内容信息或教学内容信息。从广博的人类社会文化知识中选择适当的内容作为教学内容是课程设计中无法回避的问题。教学内容的选择是教育者进行社会控制的基本手段，它反映出教育者想要将受教育者塑造成什么样的人的取向。

（1）学科知识

学科知识成为课程的主要内容，而课程目标的设置主要是为了满足学科发展的需要。各种形态的要素主义教育学者（他们将传递文化要素作为教育的基本使命）、永恒主义教育学者、结构主义课程论者和当今世界各国的教育实践都提倡将学科知识作为课程的主要内容，即选择适当的内容作为教学内容，如科学、技术、艺术、道德等学科知识。

（2）社会生活经验

当课程目标主要着眼于满足当代社会生活的需求时，当代社会生活经验就成为课程的主要内容。人是具有社会性的人，教育是具有社会性的教育。因此，选择当代社会生活经验作为课程内容也就顺理成章了。问题是社会生活经验是纷繁复杂、优劣并存的，应选择哪些社会生活经验作为教学内容呢？这就涉及如何看待学校课程与社会生活的关系的问题。历史上曾有过被动适应论、主动适应论和超越论三种基本取向。

被动适应论认为，教育只是社会生活的准备，学校课程是使学习者适应当代社会生活的工具。因此，该理论派学者主张把当代社会生活经验作为主要教学内容。但这种取向忽略了教育功能的滞后性，把当前成人生活的经验作为十几年后才担负成人角色的儿童的课程内容，而且把成人生活等同于社会生活，忽视了儿童与成人的差异，无视儿童的生活权利。

主动适应论认为，个人与社会是互动的、有机统一的，教育与社会是互动的、有机统一的，学习课程不仅用于适应社会生活，还不断改造着社会生活。因此，该理论派学者主张学校课程应该是"经验课程"，而"经验课程"的基本形态是"主动作业"。主动作业就是把社会生活中的典型职业（如烹调、缝纫、木工、金工、纺织等）加以提炼概括，使之成为学生在学校中从事的活动。学生在从事"主动作业"的过程中，在与教师和其他学生互动合作的过程中，会不断生成社会情感、社会态度和社会价值观。

超越论认为，教育是教育者与受教育者这两类主体通过交往而形成的学习共同体。教育是社会的一种群体主体，它和社会上其他群体主体（如政治、经济、文化等）之间的关系是主体与主体之间的关系——交互主体的关系（Intersubjective Relations），而不是客体与主体之间的关系——工具与工具的使用者之间的关系。教育当然要承担对社会的责任和义务，但这是主体的责任和义务，是与主体的权利整合为一体的责任和义务，而不是仰人鼻息、亦步亦趋地被动适应社会。既然教育是社会的一种主体，那么学校课程就不是被动地传递某些流行的社会生活经验的工具，学校课程是社会生活经验。儿童在生活，教师也在生活，儿童与教师的交往是整个社会生活经验的有机构成。学校课程有权利也有义务在时代精神的建构中贡献自己的力量。当教育及课程的主体地位真正确立起来之后，学校课程与其他社会生活的关系就是一种对话、交往、超越的关系。学校课程主动选择社会生活经验，并不断批判与超越社会生活经验，而且还不断建构新的社会生活经验。

（3）学习者的经验

在以满足学习者需求为中心的课程目标中，学习者的经验就成为课程的主要内容。以往，凡是提倡经验的课程理论，如卢梭的浪漫主义经验课程论、杜威的自然主义经验课程论、当代人本主义经验课程论等，都把学习者的经验放在课程内容的中心或重要位置。学习者是主体，教学内容的选择必须真正尊重学习者的个性差异；学习者是课程的开发者，不应只接受他人提供的现成课程，而要与教师和其他学习者一起制定自己的课程；学习者不仅是文化知识的接受者，也是知识和文化的创造者；学习者创造着社会生活的体验。学习者是课程的主体和开发人员，学习者在同伴交往中形成的社会经验是教学内容的基本构成。

2.关于教育的信息

关于教育的信息，即关于教育现象及其本质规律的信息，因此，可称之为"教育本体信息"。教育本体信息既是教育这种社会现象的客观征象——本体论意义上的教育本体信息，也是教育现象在人们意识中反映的主观表征——认识论意义上的教育本体信息。

（1）教育状态信息

在教育体系中，教育的主体是教育者和受教育者对教育系统各要素性质、系统结构、系统状态等的认识。教育主体对教育事实的理性把握是一种状态信息。教育事实是指在一定时空条件下，通过统计调查、教育实验等严格的科学认识方法，对教育系统各要素的相互关系和行为状态的客观描述。比如，国家教育信息资源库的数量、学生在课前掌握预习知识的情况……当然，状态信息还表现为教育主体的感性体验，即通过观察、体验获得的关于教育系统结构和状态的直观而感性的认识。比如，教师在课堂上观察到的学生的课堂反应，学生在学习过程中经历或意识到的自己听讲时是否集中注意力等。

（2）教育规律信息

教育规律信息是指，在特定的社会环境条件下，教育系统的主体——教育者和受教育者对教育系统的共性和发展变化规律的认识。规律性的信息包括观念和理论两种基本形式。教育观是指在教育主体意识中对教育现象中的事物、现象及其规律的认识，是通过教育主体的行为表现和折射出来的有关教育问题的思想和精神追求，如价值观、人才观、质量观、知识观等；教育理论是系统的教育观念体系，是人们对教育现象及其规律的认识。教育观念信息在教育主体个体意识中强调的是教育理想、观念、理念、理论等，是指导教育主体行为的一种思想意识；教育理论信息强调的是作为社会意识的那部分教育理想、观念、理念、理论等，通常以客观化的信息形式存在，它只有内化为教育主体的教育理念时才能发挥作用。

（3）教育调控信息

教育调控信息是指为了让教育系统的主体——教育者和受教育者为实现特定的教育目的而自觉制定的规范系统各要素行为的各类调节、控制信息，如教育政策、教育法规、教学规程、课堂纪律、课堂教学管理规范等。教育调控信息对教育活动主体——教育者和学习者的行为进行规范和调控，以有效地实现教育的目的。

当然，上述教育信息分类只是从逻辑上进行划分的。在实际生活中，人们习惯使用"教育管理信息""教育科研信息"等分类形式。前者既包含部分状态信息，也包含部分调控信息；而后者既包含规律信息，也包含状态信息。另外，教育本体信息中的状态信息、规律信息和调控信息三者是密切相关的。状态信息和规律信息被教育系统的主体——教育者和受教育者所掌握，在此基础上形成指导、规范、调节、控制主体教育行为的调控信息。

（二）按照资源与教育的主客体关系分类

在网络云计算环境下，教育信息资源和人的发展联系更加紧密，在教育中的地位更加突出，按照资源与教育的主客体关系对教育信息资源进行分类，更加符合教育的本义。基于此，我们可以把教育信息资源分为以下三大类。

1.教育主体与教育客体资源

教育主体资源包括教师、教育管理者以及其他教育服务者等；教育客体资源包括学生、继续教育受教人员、终身学习自主受教者等。在这一类教育信息资源中，教育主体和教育客体有着互动、重叠、转换和不断发展的趋势，反映了教育发展的科学规律和网络环境下教育理念的变革。这种信息资源来源于各级各类学校、教育主管部门、科研机构及其宣传媒介；各类附属培训机构、特殊考试机构、留学中介机构、临时讲习所、科普宣传部门、普法宣传部门及其宣传媒介；社会、大众、个体及相关媒介。

2.课内教育信息资源与课外教育信息资源

课内教育信息资源包括教学大纲规定的教学、实验、实习内容、课堂讲授内容、教材论及内容、考试或考核内容等。课外教育信息资源包括通过参考书、工具书、网络等获取的信息资源。在网络环境下，课内教育信息资源和课外教育信息资源的互动性加强，反映了网络环境下教育资源的繁杂、衍生、新陈代谢、螺旋式运动等的不断发展对教育产生的影响。随着教育技术的发展，教育信息资源将更加开放和透明，自主学习、个性化学习将成为网络学习的重要特征，"学生将逐步成为主体，为学生提供大量的网络学习资源，并提供一个理想的网络学习平台，将成为高等教育信息资源建设的发展重点"。

3.教育条件资源与教育环境资源

教育条件资源包括校舍资源、实验实习资源、图书馆资源、校园网络资源、运动场及体育设施资源、教育经费持续资源等；教育环境资源包括家庭、社会、学校、地理区域、行政区域等，如校园文化、历史文化、城市文化、风景名胜、生态资源等。在网络环境下，教育条件资源与教育环境资源依然具有很强的互动性，它们既相互制约，又相互利用和相互促进，是在潜移默化中不断积累、具有个性化和特色的重要教育信息资源。这种教育信息资源来源于实验室、图书馆、体育馆、博物馆、科技馆、校史馆等，校园网、图书馆网、政府网站、旅游资源网等，文化、生态、旅游体验等。目前，我国网络教育信息资源重点来自教育机构、文化机构、图书馆、出版机构及其网站等，因特网及教育博客在提供教育信息资源方面的作用也不容小觑。

（三）其他分类

学者柯和平提出，教育信息资源可被划分为教育信息硬件资源和教育信息软件资源。学者王瑛等人提出，考虑类型和内容，可将教育信息资源划分为数字化教育内容、数字化工具软件以及数字化教育平台三大部分。数字化教育内容包括电子教材、课件、文本资料、音视频资料等，数字化工具性软件包括几何画板、音视频编辑软件等，数字化教育平台包括课程管理与学习系统（如MOODLE平台、Blackboard平台、SAKAI）、网络家庭学习系统、国家教育信息系统、教育类网站等。此外，学者孔维宏提出以资源表现形式为依据，可将教育信息资源分为电子资源、数字资源以及网络资源三种类型：电子资源包括幻灯片、教学电影、教学录音带等，数字资源包括多媒体课件、教学光盘等，网络资源包括主题学习网站、网络课程网站等。

第二节　教育信息资源的建设

一、教育信息资源建设的背景

（一）实现教育信息化的课程改革

科技进步日新月异，国际竞争日趋激烈，为了适应时代发展的需要，提高我国基础教育的整体水平，国家对基础教育课程体系、结构、内容进行了调整，改变了课程结构，使学生在掌握基础知识和基本技能的同时，也能形成正确的价值观。学校应注重改变课程内容，加强课程内容与学生生活以及现代社会和科技发展的联系，关注学生的学习兴趣和经验，改变课程实施现状，以培养学生收集和处理信息的能力、获取新知识的能力、分析和解决问题的能力、进行交流与合作的能力。我国正在大力推进基础教育课程改革，课程标准也在不断更新和完善，更加强调培养学生的学习能力和实践能力。适应时代发展要求，实现教育信息化是我国课程改革的发展方向。

（二）云计算环境给教育带来机遇和挑战

在信息技术高速发展的今天，从信息技术与教学深度融合到云计算环境下教育的兴起，新的思维、新技术和丰富多变的信息环境对传统教学提出了挑战。当今云计算环境下的中国教育蓬勃发展，但是知识输出的标准化和课堂教学的同质化在某种程度上制约了新时代背景下中国社会创新人才的发展。教学要适应时代的变化，不应该仅仅局限于课堂，网络平台也应该逐步发展成为学生获取新知识的重要途径。云计算环境下，微课、慕课、翻转课堂等教学手段应运而生，给传统教学理念和教学模式带来了新的机遇与挑战。但是，云计算环境下，教育信息化在大力推广实施的同时，其理论和实践发展中的不协调问题也逐渐显现出来。作为云计算环境下教育的一个重要组成部分，教育信息资源的合理开发和共享是实现教育在云计算环境下稳步发展的关键，是教育信息化发展的重要保证。了解教育信息资源的利用状况，掌握用户的反馈意见，对于推动云计算环境下教育的发展，有着不可替代的作用。

二、教育信息资源建设研究现状

（一）国外研究现状

教育与信息技术的融合较早出现于美国、英国、日本等发达国家，对于教育信息资源的开发与利用，发达国家也较早地形成了较完善的实施机制，并对云计算环境下的教育模式进行了较深入的研究。美国的信息化教育开展得较早，围绕教育信息资源开展的相关研究也较系统、较完善。国外发达国家较早地对教育信息资源的共享展开研究，并提出运行和管理的标准化是实现资源合理共享的前提。教育信息资源平台的开发和维护需要技术管理员、技术支持人员、课程教师、教育信息资源教师等的多方协同与合作。

（二）国内研究现状

顺应云计算环境下教育的时代潮流，伴随课程改革的施行，实现教育信息资源的合理开发和共享，是在云计算环境下顺利完成课程实施模式变革所需解决的核心问题。张旭华提出，运用Web2.0技术创建教育信息资源传播的新模式；覃志强提出，构建基于Eucalyptus（Elastic Utility Computing Architecture for Linking Your Programs To Useful Systems）的教育信息资源平台的开发和设计模式；徐天伟提出，构建基于e-Science的民族教育信息资源服务平台。同时，教育信息资源的合理利用与完善也是教研工作者所关注的热点问题。周杰提出，应利用用户反馈对教育信息资源的质量进行改进和提升；李正生提出，应对教育信息资源在开发与共享中的知识产权进行保护。此外，微课、慕课、翻转课堂等新兴教学手段作为海外舶来品在中国逐步兴起。唐丽娟提出，利用微课可以解决教育资源数量大但缺乏实用性的问题；王静茹提出，针对现有教育信息资源构建新型慕课资源管理平台，可以实现教育信息资源的高效利用。

我国基础教育信息化发展依次经历了"信息技术课程—课程整合—网络教育"三个阶段，信息技术的发展相对滞后，与教育信息资源有关的研究落后于发达国家。在理论研究方面，相关研究成果较少，研究数量不足。从研究内容上来看，研究的焦点集中在教育信息资源平台设计和开发，或对国外已有理论的运用以及对比启发，多为理论探讨型文章，缺少合理有效、科学严谨的实践论证。在教育信息资源的开发实践过程中，我国处于信息和技术的"下游"位置，发达国家在很大程度上拥有开发技术的垄断权和知识产权，如国内的慕课平台的研发需以国外平台提供的开放源代码为基础。

三、教育信息资源的建设方式

（一）教育信息资源的开发方式

教育信息资源开发是在教育实践的基础上形成的。我国最早的教育资源开发可追溯到20世纪30—40年代以电影教育（教育电影）为代表的教育实践。20世纪80—90年代改革开放以来，教育工作者比以前更有条件开发电教教材，尤其是电视教材。各高等学校和各级电教馆纷纷购置电视教材制作设备，为电视教材的开发奠定了物质基础，于是人们对电视教材的研究也形成了一个热点。丰富的开发实践为相应的教材开发创造了条件。自20世纪90年代中期以来，一方面，多媒体技术、网络技术以及各种工具软件的问世降低了开发课件等信息资源的门槛，为教师设计开发这类新形态的教材搭建了舞台，极大地丰富了教育信息资源的开发实践。另一方面，现代教学理论、学习理论以及教学设计理论对人们进行教育信息资源开发实践的影响越来越大，为教育信息资源开发思想注入了新的观念，使教育信息资源开发有了新的发展。

1.开发教育信息本体资源

这是教育信息资源开发的核心内容，主要包括教育内容信息的设计与制作，教育本体信息的获取，教育信息（包括教育内容信息和教育本体信息）的整序、组织、存储、检索、重组、转化、传播、评价、运用等方面。通过这些环节不仅可以增加教育信息资源的数量和类型，更重要的是可以提升教育信息资源的质量、完善教育信息服务、方便教育信息资源的利用，从而挖掘教育信息资源的显在价值和潜在价值。

2.开发教育信息技术、设备和设施资源

当前，信息技术和设备得到普遍应用。具有电子化、网络化、智能化、集成化等特征的信息化设施和环境是支撑着我国信息化教育的重要物质基础。当前，信息化教育基础设施主要由设备和教室、机房等组成，设备如计算机、网络设备、卫星地面接收器、有线电视等。

3.开发教育信息人力资源

在任何事业中，人才都是至关重要的因素。在信息化教育中，没有具备相当信息素养水平的教师和学生队伍，再丰富、再优质的教育信息资源也无法被运用到日常教学中，教育信息资源也就无法发挥其作用。在我国的教育信息化实践中，有三个层次的人力资源对教育信息化至关重要：一是在日常教学活动中运用信息技术产品进行教与学活动的学科教师和学生；二是在教育信息资源设计、开发、维护和管理中扮演技术专家角色的教育信息化专业技术人员；三是引领教育信息化发展的管理者。

（二）教育信息资源的利用方式

1.教学方式

这是通过教学互动来有效获取和利用教育信息资源的一种传统而有效的方式，其特点是教师的教和学生的学形成互动，实现对相关教育信息资源的传授和获取。教学方式的特点是，按照一定的培养目标和要求完成规定的课程，并达到合格学分或等级，具有一定的能力并取得相关证书，因而传授或获取的教育信息资源具有知识性、应试性、连续性、层次性和系统性。教学方式对显性教育信息的传授和隐性教育信息的启发起着不可替代的重要作用。

2.图书馆方式

这是利用图书馆的文献信息资源达到对教育信息资源利用目的的一种方式。小至普通资料室，大到国家图书馆，不论何种类型、多大规模，其核心价值是服务，即为读者或用户提供情报服务。"图书馆是为利用而组织起来的信息集合"，图书馆方式贯穿于各级各类受教育者自觉获取教育信息资源的过程中，甚至贯穿于人的一生。尤其随着数字图书馆的发展，搜索引擎、开放获取、知识发现、知识地图、知识管理、云计算等不断激活情报人员的服务创新意识，产生新的情报服务方。对终身教育理念下不断获取知识的读者来讲，图书馆是他们取之不尽、用之不竭的海量教育信息资源库。图书馆方式除了包含馆员与用户之间的显性教育外，还有图书馆自身的隐性教育，这种教育更多的是一种文化体验和方法传授，具有很高的实用价值。

3.网络方式

这是利用校园网、因特网等媒介获取并利用教育信息资源的方式。网络的出现是一场革命，就教育信息资源的利用来讲，它打破了时空限制，并对教学方式、图书馆方式以及其他方式都产生了重要影响。如今，网络教学、计算机模拟、信息构建、知识地图、社会网络等理论在信息获取中的意义愈发重要。我们相信，随着网络方式的优化和普及，信息会愈发透明，教育信息资源的获取和利用将更加便捷和准确。

4.实践方式

实践方式是和理论学习相对应的一种能力培养途径，或者是通过感性认识达到深化理论和加深对知识理解的螺旋式上升运动过程。实践方式复杂多样，如习题练习、各类试验、实训、社会实践、工厂实习、教学实习、参观考察、访问交流等。实践方式具有生动性、复杂性，同时会出现和理论学习或课堂教学不同的情形，需要一定的随机应变能力和克服外界干扰的能力，以及积极团结合作的团队精神和毅力，获得开阔视野、掌握知识、锻炼能力、培养兴趣、增进友谊、增强意志等效果，从而达到利用教育信息资源的目的。实践方式对高等教育以及终身教育发挥着最为积极的作用。

5.信息素养方式

这是通过提高信息素养来达到对各类教育信息资源有效获取并高效利用目的的一种战略模式。信息素养是指人们利用信息的能力以及所具备的信息方面的知识和修养。1974年，美国信息产业协会主席保罗·泽考斯基提出"信息素养"这个概念，如今信息素养已经成为全球教育的战略目标。信息素养由八个要素构成：信息意识、信息理论、信息技能、信息资源、信息整合、信息创造、信息伦理、信息美学。在网络环境下，信息素养是形成阅读文化的必然要求，是形成阅读文化、推进继续教育、确立终身学习理念的必备素养。提高信息素养是信息时代国家的制胜战略目标，普及信息素养教育是达到该目标的战略举措。

（三）教育信息资源的管理方式

目前，教育信息资源的管理主要是对教育教学资源库、资源产品展示库、电子图书库、工具软件库、影片库等的管理，包括对多媒体素材库、题库、案例库、课件与网络课件库、网络课程库、文献资料库六类与教学密切相关的资源的管理。

1.软件资源的质量管理

教育信息资源管理的质量直接关系到教学的效果和效率。质量管理是教育技术管理的核心，因此，必须重视软件资源质量管理工作。

对于软件资源，要从其思想性、科学性、教育性、艺术性和技术性五个方面来要求。其中软件资源的思想性、科学性、教育性是主要的，艺术性和技术性应该服从于前三种要求。

对于作为课堂教学工具的软件资源，特别是在中小学课堂上使用的软件资源，必须经过有关机构审定后才能出版发行和投入使用。具体审定方法要参照教育部的有关规定执行。

对于软件资源，要做好出版发行的管理和用户评价等工作。它是促进软件资源建设、提高软件资源质量的重要措施。

2.软件资源的编目与保管

软件资源的编目与保管是软件资源管理的基础工作。从不同渠道搜集的软件资源要按一定的规则加以有序的编目和妥善的保管，以便大家共享和使用。

3.学习资源的管理

学习资源的管理和学习资源的利用是两个矛盾的方面，处理好两者的关系，可同时达到管理好学习资源（不丢失，不损坏）和使用好学习资源（方便师生利用，有较高的利用率）的目标。因此，就出现了两种管理方法：一是集中管理，二是开放式管理。

（1）集中管理

集中管理就是将大部分重要的图书资料、媒体信息资源和软件资源集中于库房统一管理。学习者在使用时需办理出借手续，或由学习者检索所需的信息源，然后再由集中管理的信息控制系统输出，这样学习者就可以在相应区域的学习终端上进行学习。可见，集中管理加强了对学习资源的管理，但为学习者利用资源增加了不少麻烦。当前大多数学校采用的就是这种管理办法。

（2）开放式管理

开放式管理是指资源中心的图书资料、硬件和软件资源完全开放，任由学习者选取，但应在资源中心内使用，在特殊情况下也可办理借出手续到中心外使用。这种管理办法对管理人员来说增加了管理的难度，而对学习者来说则提供了方便，有利于提高学习资源的利用率和利用效果。有条件的学校应该逐步创造条件，采用这种管理办法或部分采用这种管理办法。

第三节　教育信息资源的共建机制

一、区域教育信息资源的共建机制

机制，原指机器的构造和运作原理，引用到一个系统中，指的是系统各个要素之间的相互关系以及各要素之间相互作用的过程和功能。其作用是用来协调有机体内部各构造要素的相互关系，保障系统的正常运转和发展。区域教育信息资源共建共享的机制，是指在区域内集中力量，着眼全局，促进教育信息资源实现具有地方特色的规范建设、高度共享和优化配置的机制。

网络教育资源共建共享机制，是指将以计算机技术为支撑、以互联网为平台、以信息化为基础的网络教育资源共享平台的建设与管理系统，通过区域合作实现共同建设、共享使用的机制。实现网络教育资源的合理配置、共建共享，可以充分整合社会上的各种教育资源，避免重复投资和建设，有利于高效利用优质教学资源，提高教学质量和办学效益，同时也是在资源相对不足的条件下办好地方性特色教育的有效途径。

（一）总体架构

总体架构即地方政府、高校、区域教育部门联合成立区域教育信息建设组织管理机构，对当地的教育信息资源建设进行统筹规划，确定各部门、各单位的建设目标。信息资源建设应分类进行，并通过计算机网络实现信息资源的互联互通，避免重复建设。具有本地特色的教育信息资源应在共建共享框架下组织建设，实现有效的调控与管理，并制定相关的共建共享规范制度，保障教育信息资源建设的规范性。

各地方应充分发挥技术人才优势，集中力量（人力、物力、财力）做好地方教育信息资源库建设。以区域高校为信息资源建设的中心，成立地方教育信息资源中心，打造具有地方特色的教育信息资源中心，全面提升区域的教育信息化水平，同时提升服务地方经济建设、文化教育建设的水平。

地方政府的职责是做好宏观调控、规划，确定建设方向，筹措资金。地方高校的职责就是利用自身的技术优势，保障教育信息资源建设的规范性，开发资源共享平台，实现教育信息资源的共建共享，建设维护好本地教育信息资源，为地方提供高效、优质、稳定的教育网络信息服务；提出本区域的教育信息资源发展规划，建设维护好本地的门户网站。所有涉及资源类的教育信息统一由共建共享机构统筹安排建设。

（二）组织保证

组织保证即成立组织管理机构，实现有效的调控与管理。教育信息资源共建共享涉及的部门多，行政隶属不一，需要建立专门的组织机构负责对其进行组织领导、规划和督促。当前，我国的教育信息资源分配不均，缺乏共建共享机制，其中一个重要原因就是没有统一的管理系统与机制，各地方、各单位、各部门的资源建设往往各自为政、自行其是。为了促进教育信息资源的共建共享，必须构建新的资源管理机制，尽快成立专门负责教育信息资源共建共享的组织机构。该组织机构能够行使相应权力，能够协调地方政府、高校、地方教育部门、地方图书馆之间的关系，能够就相关领域的事项提出决策、意见等。其具体职责包括：统筹规划，在区域内做出统一的规划；制定共建共享的规章制度；确定共建共享系统的运作模式；搭建教育信息资源共建共享平台；做好共享参与者各方的协调工作等。该组织机构可以挂靠在各级教育行政管理部门下，在行政隶属关系上实行垂直和横向双重领导，各自在相应的地域范围内开展组织管理工作。

（三）运作机制

运作机制是使教育信息资源共建共享得以实施的一系列操作规程和规章制度。操作规程是系统运行过程中参与各方应当遵守的具体行为准则。只有严格执行操作规程，教育信息资源共建共享机制才能正常运转。这些规程应当包括建设资金的筹措方式、资源建设方式、利用方式、提供方式、资源质量标准等。各地方应在教育信息资源共建共享组织机构的领导下，搭建一个专门的教育信息资源共建共享平台，建立地方教育信息资源库。

合适的运作机制是保证教育信息资源共建共享活动得以持续发展的长效机制。在集中投入建设的同时，为了减少对国家投入的过分依赖，教育信息资源共建共享可以采用商业化运作模式增强自身的造血功能，在实现可持续发展的同时推进教育资源共建共享。在国外，OCLC（Online Computer Library Center）等成功的合作共享计划采用的是政府补贴、成员馆投资加服务收入的运作机制；我国的超星数字图书馆则赋予资源提供者一定的权利来吸引更多的资源拥有者将自己的资源加入数据库中；CNKI（中国知网）也实行国家扶持下的市场运作机制。在教育信息资源共建共享过程中，应学习这种模式：通过在网站上开展广告宣传、进行深度服务等方式获得收入，努力形成"自筹资金—开发资源—用户自选资源—有偿使用资源—返还资金并盈利—开发新资源"的良性循环。鼓励各地企业与教育机构合作，企业注入资金并提供先进的管理理念，通过商业化的运作模式推进教育信息资源共建共享。资源库建成后共享使用，使用者支付适当的费用，企业与教育机构风险共担，利益共享。教育信息资源建设商业运作模式的实施，可以吸引社会各方面的参与，提高教育决策的及时性和科学性，而且开辟了新的市场，打破了传统教育滞后的状况，为教育产品的增值创造了条件。采用商业化运作模式、引入市场竞争机制可以极大地提高教育产业的社会效益和经济效益，增强教育信息资源建设的活力。

（四）投资机制

教育信息资源共建共享是提高资金利用率、做强做大地方教育信息资源库的一项重要举措，在其发展过程中地方政府要发挥主导作用。集中资金，做强一点，受益一面，在信息资源库的建设过程中，以政府投资开发为主，其他出资开发为辅，开源节流，不搞重复建设，多渠道筹措资金，开发优质教育信息资源。所有共建共享单位应根据教育信息资源建设统筹规划，每年拨出一定经费进行统筹规划，同时筹措社会闲散资金，集中力量做好信息资源库建设，以高校信息资源建设为中心带动全市教育信息资源建设迈上一个新台阶。这样集中建设可提高资金利用率，减少低水平重复建设，打造具有地方特色的教育信息核心资源。

资金投入以政府为主，能够保证资源库中大部分资源免费让用户使用，如地方高校的教育信息资源、图书馆电子馆藏信息，各教育部门资助开发的精品课程，以及各县（市、区）图书馆电子信息资源，等等。同时通过提供优惠政策，鼓励通过项目合资研发、个人独资开发等方式不断扩大教育信息资源共建共享的规模。在工作中，有许多教师和科研工作者自己开发了较高水平的教育信息资源，需要通过一定的政策、机制吸引他们共享这些资源。同时通过多种方式募集社会捐赠、实行产学研结合等，吸引各类社会资金投入教育信息资源库的建设开发之中，拓宽多元化的投资渠道，做强做大共建共享的教育信息资源库。

（五）评估机制

为了提高资金利用率，确保共建共享资源库的质量，必须加强评估审核，努力提高资源库建设的质量与水平。在总体统筹规划和指导教育教学资源建设中增加社会参与力量，可以将资源建设和应用纳入教育督导评估之中，建立行之有效的评估体系，制定有关资源建设的评估标准，实现教育信息资源的评估、筛选、审核、监管，促进资源的有效利用。每隔一定时期由各共建共享单位联合组织开展教育信息资源建设开发相关评估活动，邀请知名的专家学者共同参与评审。通过资源评估，一方面可以实现对各类教育教学资源的筛选、审核，以期遴选出优质的教育教学资源以供共享，确保教育信息资源共建共享的质量；另一方面可以及时发现教育信息资源库建设存在的问题，以便寻找解决问题的对策与方法，进一步提高教育信息资源库建设的质量和水平。

总之，区域教育信息资源的共建共享，要集中社会各方力量，建立教育信息资源共建共享的有效机制，既是技术创新、机制创新，更是管理创新，需要解放思想、开拓进取的精神。共建共享机制的建设，在资金总体投入上，总数没有明显增加，但效果是突出的，完全可以在一个地域内形成较大规模的具有地方特色的核心教育信息共享资源库。使用者完全可以在原有的需要承担一定网络通信费用的基础上，不用增加任何资金负担就可以获得更丰富的教育信息资源；地方教育部门也不用增加任何额外资金投入，就可以解决其技术力量不足的问题；区域图书馆的电子信息建设方向将更加明确，更容易形成自身特色；地方高校可以在承担地方教育信息资源建设任务的同时，不断提高高校网络信息化水平，充实高校网络教育信息资源库，增强高校服务地方建设的能力，也可以解决高校在信息化建设中的部分资金问题。但任何一种新机制形成势必引起旧机制的改变，都将涉及利益的重新分配，势必引来阻力。因此，如何推动区域教育信息资源共建共享机制的形成，还要进一步探讨并在实践中突破。

二、教育信息资源的利用共建机制

（一）资源利用的设计

能吸引用户的教育信息资源才是优质的资源。注重资源利用者的学习特性，呈现有效的资源形式对于提高资源共建效率尤为重要。目前教育网站上提供的教学资源常以学科性资源为主，不利于学生视野的拓展。以问题为中心组织资源，综合各学科知识，实现课程结构的立体融合，能促进学生得到充分发展，对于学生批判性思维的培养和创造性思维能力的提高大有裨益。

（二）资源利用的标准化

在我国，教育信息资源建设的主体主要包括国家教育部门和大量的营利性、非营利性教育机构或教育领域人员，教育领域外的部门或机构对教育信息资源的构建涉足不够，非付费资源的有效性、实用性得不到保障。在美国，资源建设的主体呈现出高度多元化特点，政府部门对教育信息资源的提供与开发给予了高度重视，同时许多与教育看起来毫无关联的非营利性组织机构都积极参与建设教育信息资源库。因此，充分调动社会多方力量参与资源建设，非营利性机构或组织的加入是实现互联网优质资源低成本共享的关键。此外，实现资源共享中软硬件的标准化，让技术与资源进行有效整合，对构建持续发展的全民终身学习体系大有裨益。

（三）资源的实时更新

实现互联网教育信息资源的高效管理，需要部门管理人员、互联网技术人员、教育科研人员等多方力量的协作，需要引起政府各部门、各机构的关注。在美国，司法部、财政部等内阁部门，都在其部门网站的醒目位置上设置了教育资源链接。各州的教育部和学区是美国教育行政的主管部门，这些行政主管部门提供的教育资源网站往往拥有丰富的教学资源。此外，资源的实时更新是不断吸引用户的关键，而优质资源的及时更新需要源源不断的人力和物力提供可持续发展的动力。优质教育信息资源是长期积累的结果，绝不是能够在短时间内完成的工作。

（四）资源共享精神的倡导

互联网作为开放式的超大数据库平台，容纳了海量的各式资源，其丰富的形态必将给使用者寻找适用资源提高难度。对教育信息资源的有效评价能为从数据海洋中找到使用者所需的资源提供帮助。资源提供者在对提供资源的平台进行设计时，应让资源可被方便地进行评价，进而获取的评价数据也能为资源的管理提供可靠依据，以防止优质资源的浪费。

同时，优质教育信息资源不仅需要被更加直观地展现，更需要加大低成本优质资源的推广力度，为使用者提供培训项目，提高使用者对资源的利用能力。此外，互联网中的资源虽数量庞大，但要找到真正适用的资源是有难度的，共享精神应被倡导。百度文库提出的口号是"让每个人平等地提升自我"，其中的许多优质资源是能够通过积分来换取的。通过对资源进行共享可以获取积分，如果上传的资源经过下载用户的反馈被评为"优质资源"，可获得额外的积分奖励。

（五）资源库共建与创新

现代教育的顺利开展和有效实施，能够使更多人通过资源共建获取幸福感和获得感。教育信息资源库的建设需要借鉴和吸收各类已有专业教育资源库建设的有益经验，需要政府、社会、高校形成合力，坚持以就业为导向，以先进的理念为指导，以合理的途径为前提，以包容性和兼顾性为原则，更新理念，整合资源，建设高效、科学且普适性更强的教育信息资源库。

加强教育资源库软硬件建设是保证教育健康和可持续发展的基础。一是政府要制定更为积极的教育政策，建立长效机制，加强监督和落实，为教育信息资源库建设提供有力的政策保障。二是充分认识教育信息资源库建设的重要性，不断更新建设理念。三是强化教育机构建设，从场地、经费和人员等方面予以保证。四是加强教育师资队伍建设，配齐、配强教育专职队伍，建设一支专职为主、专兼结合、数量充足、素质优良的师资队伍；五是加强教育信息资源库网络平台建设，强化管理和服务，配备专职管理服务人员，及时更新资源库。

三、教育信息资源的知识管理共建机制

随着信息技术的飞速发展，优质教育信息资源为信息化教学的顺利开展提供了可靠的保障，但是大量低质重复的信息资源也容易使学习者产生"网络迷航"或"信息沉没"。在教育信息资源建设中，积极引入知识管理的理念和方法，使学习者可以高效利用和管理信息和知识，是教育信息化建设中面临的一个现实课题。结合教育信息资源建设中的实际问题，我们应着力共建知识管理平台，实现教育信息资源由数据信息管理到高效知识管理的层次建设。

（一）知识管理的实施步骤

知识管理的实施是以促进信息化教育为目的的，考虑内外部环境与资源，选择支持知识管理的基础设施以及战略规划，并且有计划地循序渐进地进行与引进各种知识管理方法的流程。依据知识管理项目的实施方案，具体的实施可分为如下五个步骤。

1.认知管理阶段

认知管理是实施知识管理的第一步，主要任务是统一学校对知识管理的认知，梳理知识管理对学校整体管理的意义，评估目前的知识管理现状，帮助学校认识到是否需要知识管理，并确定通过知识管理进行教育信息资源建设的正确方向。

2.战略规划阶段

此阶段的目的是拟定知识管理战略，即知识管理的目标与范围焦点，同时拟定信息技术、组织架构及知识管理流程等方面的战略。具体而言，首先从学校教育信息化战略以及教育教学各个业务流程及岗位等方面进行知识管理规划；其次制定知识管理相关战略目标与实施策略，并对流程进行合理化改造；另外还需进行知识管理技术的需求分析及规划等。

3.设计阶段

先导计划的选定：知识管理项目常会先选择一个对于组织抗拒较小、接受程度较高、能突显效果、易产生回响且较易成功的地方开始，以提高整体信心。因此，在建设面向教育信息资源的知识管理平台时，可先面向教师的教学实际需求，如教学课件、教学素材、网络课程等，进行知识管理的实施，在获得教师的普遍认可后，再继续推进到整个学校层面的信息资源，包括管理类资源、服务类资源、社会性资源等。

4.导入阶段

知识管理项目经过原型的循环扩大到使用者认可接受后，就可以进行引进上线的阶段，此时要特别注意教育培训、技术支持、配套服务和维修改错等工作。另外要使广大师生员工了解在变革过程中自己应承担的责任和权限，师生员工或多或少会对新的变革产生抗拒心理，而通过明确职责和权利，能提高其配合意愿，确保知识管理平台的顺利建设。

5.评估维护阶段

完成知识管理与系统导入工作后，必须对平台系统做出正确评估，并将所获得的结果进行回馈，运用到知识管理战略规划中。此外，随着环境的改变，知识管理的内容与方法也要随时更新，否则仍利用陈旧的知识就会产生负面效果。

因此，在教育信息资源建设中，必须对既有资源进行全盘清理，对一些效用较低、重复度高的信息资源要及时进行清理和归并，同时要引入最新资源形式和相关研发成果，使教育信息资源体系始终处在一个较高的层次，从而有效推动教育的发展与改革。

（二）知识管理实施的流程

知识管理实施的流程规划，具体可以分为四个阶段：第一阶段是确认策略性业务循环；第二阶段是找出信息杠杆点；第三阶段是加入人员；第四阶段是确认信息和知识内容。由此绘制而成的知识流程图才会显示出"谁""何时"需要"什么信息和知识"，可为知识管理架构提供行动指南。反映在教育信息资源建设中，即对教学模式与教学过程的分析，以及教学模式中涉及的课程教学的整体流程。其中的关键是师生双方利用信息技术设计、开发和使用信息资源的实施策略，以及对知识体系的整体认知等。

随着信息技术的发展，简单的信息管理系统已经不能满足人们对教育资源智能化管理的需求，知识管理应运而生。知识管理将各种信息化教学资源转化为显性或隐性的知识集合，以实现知识的生成、传递、利用和共享。在教学实际应用中运用知识管理的理念，对教育信息资源建设乃至整个网络教学过程都具有十分重要的意义。知识管理平台建设方案是符合组织特色的技术体系和实现方式，由于各个组织结构和功能需求不尽相同，因此不存在完全一致的解决方案。

四、教育信息资源的云环境共建机制

云计算作为"互联网+"时代一种新兴的服务计算模型，具有泛在接入、快速部署、标准服务、资源透明等特点，能够整合、管理、调配分布在网络各处的计算资源，为优质教育资源的共建共享提供了一种全新的手段和模式。基于云计算技术的教育资源共建共享逐步受到各地的重视，云计算环境下的教育信息资源共建机制能促进教育信息化的整体水平提高与均衡发展，充分发挥优质特色教育资源的社会效益。

基于云计算技术的教育资源共建共享是一个复杂的过程，这个过程涉及软硬件资源的接入、封装、调用、聚合、运营管理以及云端消费等内容。如何设计一个全局的资源建设框架，全面系统地分析共建共享中的多方面问题，以整体观的视角推动教育信息资源共建共享的进程，成为云计算环境下教育资源进行共建共享迫切需要解决的问题，也是难点问题。

（一）需求分析

1.特色需求

教育信息资源共建共享机制必须以空间为载体，尊重资源建设自身发展的规律，注重共建共享机制创新，关注资源建设特色及需求，充分利用资源结构的优势互补和空间的业务关系，在云计算技术基础上，创建一个以实际应用成效为本的教育信息服务新机制。

2.整体性需求

云环境下的教育信息资源共建共享是一个复杂的过程，这个过程涉及各类教育资源的接入、封装、组合、获取、管理等内容，包含不同层次、关系、角色的用户，具有类别多样化、关系动态化、角色类型层次化等特性。框架的设计必须从整体出发，运用上述一系列理念寻求共享体系的最优化，为用户构建资源查找、获取、评估、使用和传递的业务链，实现资源建设宏观布局与微观调控的生态统一。

3.协同组织与共享需求

当前，教育信息资源建设自成一家、"信息孤岛"现象严重，这种封闭式的教育资源开发模式和管理体系造成了资源共建共享障碍。教育信息资源共建共享机制框架的设计必须考虑不同系统之间的无歧义理解与操作，将云平台作为教育信息资源充分共享的纽带，把用户的需求放在价值链的首端，实现教育信息资源由封闭走向开放、由自主建设转向协同服务组织的需求，促进优质教育信息资源的共建共享。

4.扩展需求

教育信息资源共建共享是需要长期建设与维护的系统工程，没有终点，也不可能一步到位。因此，分层框架不仅要支持现有的应用，在实现教育信息资源整合应用时，其解决方案和体系结构也必须是可扩展的，以兼容新的云服务技术和规范。当有新技术需要部署或者增加时，应避免对现有分层框架进行大量修改或重复性再造，实现可伸缩的扩展。

（二）云环境下的教育信息资源共建设计

基于前面的需求分析，在遵循教育资源服务规范与安全保障的基础上，我们提出云计算环境下面向教育信息资源共建共享的分层框架模型。从基础的资源汇聚开始，逐层扩展，渐进式完善，分层次地实现教育信息资源的共建共享，简化资源的部署和开发过程。从纵向角度看，针对不同的教育信息资源实际需求和服务获取状况，各层的人员可有选择地专注于构建某一层服务，但可以利用云计算服务体系中其他层提供的资源。

1.教育资源层

教育资源层处于框架体系的底层，是上层系统赖以存在的资源基础。该层通过嵌入式云端技术将分散在内的各种软硬件教育资源（网络课程、文献库、教育网站、媒体素材、优秀学习案例、服务器、数据库等）进行虚拟化的汇聚与接入，并进行统一的注册和认证，封装成不同粗细粒度的资源服务，为教育资源云服务的内容层提供可靠、优质的资源支持。

2.云计算基础服务层

云计算基础服务层将教育资源层封装和接入的虚拟化资源进行统一部署，并建立资源服务索引，方便用户的统一检索和使用。参考云计算的服务模式，我们将部署在云中的资源划分为LaaS（Infrastructure as a Service，基础设施即服务）、PaaS（Platform as a Service，平台即服务）和SaaS（Software as a Service，软件即服务）三种不同类型，为云服务供应层提供大量灵活、可组合、可设计、可研发的资源服务。

LaaS主要提供计算、存储和网络等基础性服务资源，是整个云计算环境的基础支撑。通过底层硬件虚拟化技术，将服务器、存储、计算、网络等基础资源虚拟化，形成池化的基础资源，并且封装成服务提供给云用户。用户相当于使用裸机，可以在上面部署和运行任意软件，比如操作系统和应用程序等。

PaaS将软件开发平台作为服务提交给用户，允许用户使用多种编程语言在平台上开发自己的应用程序，同时采取一系列措施来保证软件服务的正常运行。例如：工作流引擎为服务提供相关的定义及规范服务的流程；QOS（Quality of Service）负责对服务质量进行管理；用户中间件帮助用户开发和集成复杂的应用软件，监控引擎管理和控制底层云基础设施各个设备之间的运行和通信。

SaaS将应用程序封装成服务供用户使用，主要为云服务用户提供运行在云端基础设施和平台层上的应用软件。用户也可定制运行特定的应用程序，如用户根据需要动态地封装知识构件、业务构件、资源构件、业务模型来创造出更加实用的服务，而无须管理或控制应用程序之下的平台或基础设施。

3.云服务供应层

云服务供应层是基于基础服务层对云环境下的教育资源进行全局性的控制和管理，同时为了响应上层用户层面的资源服务请求，该层充当着桥梁、中介的作用。对上提供用户可以访问的大量可扩展的资源服务，对下实现对LaaS、PaaS、SaaS资源服务的部署、设计、研发等。云服务供应层具有动态性、开放性、协同性等特点，能最大限度地满足用户的各种数字化学习与教学科研活动等资源服务需求。具体主要包括云教育资源共建共享支持、云教育资源共建组织、区域云教育资源共享获取三大模块。

云教育资源共建共享支持模块本着资源建设"科学、适用、开放、易用"原则，从具体问题、资源特色出发，着重解决教育资源质量、标准不一，难以互通互联等问题，促使各级各类人员（教育资源提供者、开发者、使用者、管理者等）共同组建教育资源标准联盟、质量联盟、技术联盟等，统一资源采录标准和运作要求，规范资源的基本结构和内容属性，为教育资源跨平台、跨终端、跨地区的协同组织与共享获取提供基础支持。

云教育资源共建组织模块着眼于"共建"，该模块通过汇聚各类分布式的资源和服务，对海量的云教育资源进行集中的面向用户需求的组织和管理，促进云资源平台中的服务按需且有序化分布。

其中，教育服务资源分类管理子模块通过对众多部署在云中的教育资源进行特征描述与标记，能够准确地判断上传的资源归属于哪一类别。教育资源质量监控子模块对资源质量进行严格把关并制定完善的评价指标体系，从教育资源的权威性、时效性、覆盖面与需求的契合度等角度进行综合评价。领域本体共建功能可以有效地支持教育资源云服务的表达、分类、检索、组合和推理，解决资源集成中的各种资源不兼容等问题，促进云服务的集成、共享和重用。资源集成子模块在标准化和本体共建的支持下，对资源集成的过程进行规划和设计，形成资源集成主要的方案（自上向下、自下向上或并行集成等）。演化与管理功能子模块则从全局上对云教育资源共建组织的过程进行管理与反馈，实现优质教育资源配置绩效最大化与良性循环。

区域云教育资源共享获取模块主要关注"共享"，该模块的用户根据自身的需求动态地获取和使用云教育资源平台封装、组合、设计或研发的服务，不需关注服务的具体实现细节。其中，资源获取方案定制子模块可根据用户的个性化需求定制资源获取方式。多维语义检索、云服务调度以及服务自动集成功能子模块能从可靠性、质量、费用、评价度等方面自动地为用户选取资源服务。共享过程管理子模块为用户获取资源的过程提供最大限度的支持，解决用户在共享过程中遇到的资源上传、下载、使用等方面的问题。安全审计与监管子模块从身份认证、访问授权、综合防护、安全审计方面借鉴现有的云安全规范，及时发现教育资源获取与消费中潜在的安全漏洞、用户的非法行为等安全问题。

在云教育资源共建共享支持模块的作用下，云教育资源共建组织与共享获取二者相互影响、相互支持。一方面，教育资源云服务通过按需组织和管理的有序化支持教育资源的获取与使用。另一方面，在满足用户资源服务需求的同时，云服务用户显性或隐性的各种操作能够促进云服务的组织和管理的人性化发展，使其更具特色。

4.应用服务层

应用服务层在教育资源云服务供应层的支持下，承载着"云服务"的具体实现功能。主要面向教育资源提供者、开发者、使用者、管理者等多类用户，为用户提供不同的学习或教学、科研等资源服务，如云端资源服务、备课服务、教学服务、自主学习服务、实时互动服务等。同时，用户还可根据自身的具体需求灵活地定制和获取资源服务。另外，在服务方式上，可以采用免费的、付费的、限时共享、资源互换等多种方式，兼顾不同人群的利益，激发共建共享主体的积极性。

5.云端层

云端层是用户上传或获取资源服务、发布资源需求的接口层，为用户提供了统一的资源需求输入界面，用户可以在任何时间、任何地点通过网络利用PC（个人计算机）、笔记本、平板设备、智能手机等不同的终端，像使用

"水、电、煤、气"一样享用海量的资源服务，无须了解底层的基础架构是如何发挥作用的。用户可以是资源服务的使用者、资源服务需求的发布者，同时也可以是资源服务的提供者、管理者，无障碍地参与到教育信息资源建设中，满足用户的个性化、多样性需求，实现教育资源社会效益和经济效益最大化。

第四节　教育信息资源价值评价模型

一、波普尔的三个世界模型

英国著名科学哲学家波普尔和著名神经生物学家、诺贝尔奖得主埃克尔斯的三个世界划分对我们理解人类实践中信息运动的概况有着重要的启示作用。波普尔和埃克尔斯将宇宙现象划分为世界1（物理世界）、世界2（精神世界）和世界3（文化世界，波普尔等原用"客观知识世界"这一名称）三个世界。从信息运动的角度看，这三个世界的关系正好反映了人类实践中信息运动的特点和总体规律。

世界1称为"物理世界"，其中的"物理"等同于辩证唯物主义中与意识相对的"物质"，即"不依赖于意识而又能为人的意识所反映的客观实在"，是对自然界、社会中不同的物质形态都具有客观实在性这一共性所做的最高概括。

世界2则是"意识"的主观世界——观念世界或精神世界，是指"与物质既相对立又相统一的精神现象"。

世界3是客观化的世界2，虽然波普尔和埃克尔斯曾具体罗列了世界3的内容，即"客观意义上的知识（包括哲学、神学、科学、历史、文学、艺术、技术等记录在案的文化遗产）和理论系统（包括科学问题和批判辩论）"，但又明确指出"世界3包括人类文明的每一个方面"，是"文化世界"。

"世界1"是"世界2"的认识对象，是"世界3"的材料库。"世界3"通过"世界2"感知和把握"世界1"；"世界2"是三个世界的核心，它联系着"世界1"和"世界3"，它是"世界1"和"世界3"之间的桥梁。透过波普尔的"三个世界"理论，我们清晰地看到一个以人为价值核心的世界。"世界1"是自然的世界，"世界2"属人类和动物共有的世界，"世界3"为人类专有的世界。如果真有上帝的话，上帝也只创造了"世界1"，"世界3"是人类创造力的特殊表达。"世界1"是自然逻辑的世界，是一个不听话的原本只在自然法则下运行的世界；"世界3"是人造逻辑的世界，是听话的世界，它遵循的是人类思维的逻辑。两个世界的改造都通过"世界2"的物质客体——人类的大脑和肢体完成。这就是"三个世界"的关系。

属于"世界1"的物质通过"世界3"的改造成为处处方便人类的物质条件。树木可以搭成房屋、造出纸张，矿石变成了钢，鸟儿的启示让人类长出了翅膀，对飞鱼的模仿使人类雄赳赳地挺进海洋……"世界3"就是人类的逻辑世界，是诗歌的世界，是知识的世界，是理论的世界，是建筑工程的世界，是风雨雷电都能被人类收集和转化的世界，是宇宙航天的世界，是可以杀死动物和人类自己的武器世界，是生命克隆的世界……是只有人类能够想得出来并做得到的世界。

人始终都是价值世界的核心，在"三个世界"里，"世界1"是上帝创造出来的，是自然的世界，是生命赖以生存的地方；无论波普尔如何用词语界定"世界2"，"世界2"实质上是生命的世界，在特定的讨论里可以限定为只是人类的生命世界；"世界3"是人类创造出来的"人造世界"。同样，在波普尔的"三个世界"中，"世界2"才是三个世界的价值中心。"世界3"是人类工具的世界，是人类用来了解自己和改造世界的工具，人类无法通过自己来彻底了解自己，所以需要通过了解世界来了解自己，"世界3"便承载着人类了解自己的梦想，但是，如果人类骑上了"世界3"这匹"黑马"而忘了自己骑上它时的目的，只看到了它实用和效用的一面，遗忘了它"由此见真理，由此而明善"的价值，那人类的未来将可能会陷入盲人骑瞎马、夜半临深池的危境。

虽然波普尔当年提出的"三个世界"理论曾产生重大反响，但这场讨论的热潮似乎并未持续下去，以致波普尔在世时不无遗憾地指出，他的世界3理论尚未得到世人的足够重视。国内学者吕乃基教授也指出"回首近半个世纪，不得不承认，虽然也有众多研究，但波普尔的世界3理论并未进入学界主流"。然而，经过一段时期的沉寂后，随着计算机网络及虚拟技术的出现，对赛博空间、虚拟现实的广泛关注与热烈研讨，竟然使得被遗忘多时的波普尔的"世界3"理论在网络时代获得了复兴。正如一位学者所观察到的"自互联网开始普及以来，作为'客观知识'的'网络虚拟世界'为波普尔的'客观知识'世界理论提供了注脚"。一个显而易见的事实是，波普尔当年提出他的"三个世界"理论时，由于计算机及网络技术尚不成熟，还未普及，在波普尔的论述中，人类思维活动的产物"客观知识是由说出、写出、印出的各种陈述组成的"，主要还是以静态的基质（如纸张）为载体"出现在杂志、书本、图书馆等一定环境之中"。而计算机及网络技术的兴起则从根本上改变了客观知识的存在状态，改变了人类知识生产、贮存、传播和创造的方式。文本的电子化与数字化以及各种处理信息的智能软件的出现，标志着知识载体发生了本体论转移。知识载体的虚拟性、动态性和交互性导致的一个直接后果是，波普尔的世界3开始朝着网络世界急剧地扩张与迁徙，"除了网络上每天涌现的新资讯以外，全球范围的数字化浪潮正将人类已有的知识由铅字转换为比特，并以超文本的形式广泛传播"。这一客观知识载体的虚拟化转向不仅使世界3的基本构成与特性发生了实质性的重大转变，而且对于人类当前的知识生产与知识传播也产生了不可逆转的重大影响。

因此，由所谓客观知识组成的"世界3"，作为一种为信息社会与知识经济社会奠定基本范式的具有前瞻性的原创概念，一方面为我们考察电子网络时代的知识存在及其生产状况提供了新的路径与研究框架；另一方面，世界3概念，特别是波普尔的"三个世界"理论，作为一种对于世界本体问题有一定解释力的哲学范式，也为我们科学地把握网络的本质，正确地界定网络在人类知识生产与知识进化中的地位与作用提供了一个合理易解的理论框架。基于波普尔的"三个世界"理论的视角来考察电子网络时代的知识生产，我们就可以获得许多有益的启示。

二、教育信息资源专家评价标注模型

伴随着信息技术的迅猛发展和教育信息化的不断推进，教育信息资源总量呈现"爆炸式"增长。同时，信息资源内容繁杂、可用性不强、建设标准多样化等问题也日益突出，为此，《国家中长期教育改革和发展规划纲要（2010—2020年）》提出要加强优质教育资源的开发和利用。高质量教育信息资源的匮乏已成为资源开发企业和学习者共同关注的问题，而运用准确的质量评价方法对教育信息资源进行精确评估成为当前资源开发的新课题。尽管教育信息资源可以以学习时间、在线人数、点击率等指标数据作为定量评价的依据，但对资源的准确性、易用性、美观性等因素的评价，很难通过这类简单的指标获得。利用基于网络的社会标注方法对教育信息资源进行评价，建立专家评价标注模型，在教育信息资源开发机制中发挥着重要的作用。

（一）社会标注的概念及作用

社会标注也称为用户标注，于2004年被首次提出，被定义为"使用人们自己的词描述网络资源的机制，是群众自发性定义的平面的非层级结构式标签分类，是基于用户的平面化标签分类机制"。社会标注行为反映了用户对被标注资源的理解和分类。社会标注在教育领域的应用突破了传统的学习资源揭示模式，为学习者和资源开发企业提供了一种自下而上的信息资源揭示方式。利用基于网络的社会标注对资源进行评价，简化了标注方式。同时，这种评价方式能充分利用互联网的技术优势，缩短评价周期，扩大评价样本，在教育信息资源开发过程中可及时反馈评价结果，降低了人力、物力和财力的消耗。

运用以网络为基础的专家标注方法对教育信息资源进行评价，可以为信息组织者判断资源可信度提供依据，为主动查询网络信息资源的学习者提供识别途径，缓解"学习迷航""认知过载"等问题。学生选择、学习某一信息资源的关键因素之一是专家的权威意见或教师对该资源的具体评价。对信息资源进行评价标注，可以有效地帮助学习者进行学习资源选择。另外，专家定性、定量、客观、严谨、务实的评价意见可以直接展示给资源开发企业，让他们了解资源状况，加以改进，因此，它对帮助教师向学习者推荐合适的资源也是有意义的。

（二）专家评价标注模型的构建

模型评估体系的首要评估维度是课程内容，所以应将教育信息资源内容的评价置于首位，对相关指标进行归类汇总，确定教育信息资源分为资源内容和资源形式两个一级指标。

教育信息资源的价值是潜在的，只有通过专家的使用与评估才能对资源价值进行判定。所以，遵从"以专家为中心"的思想，通过专家评价标注资源并将结果反馈给资源开发企业，如此才具有现实意义。该模型体现了以专家为中心的评价理念，其中，资源的内容和形式是衡量教育信息资源质量的两大维度。在资源开发的过程中，资源评价标注过程与资源开发企业间是一种循环机制，即资源评价标注结果及时反馈给企业，能够促进企业对资源质量的持续改进，而改进后的资源可重新由专家进行评价标注；同时，优质资源发布以后，可供广大用户合理选择使用。

另外，通过评定专家评价标注的准确度，可以建立专家评价标注准确度档案库，库内存放每次评价标注工作中每位专家的评价结果及其准确度，以确定在未来的评价标注工作中是否选择该专家。模型的动态调节使企业与专家之间的交流形成良性循环，深刻地影响着教育信息资源的开发和使用。

（三）构建专家评价标注模型的意义

在优化教育信息资源质量评价过程中，专家评价标注模型可以提高评价的准确性。将专家评价的准确度与专家原始标注值相结合，对高准确度的评价标注数据赋予较高的权重因子，对不准确的评价标注数据赋予较低的权重因子，可以降低其对最终结果的影响，从而得到更科学、准确的评价结果。此外，通过对专家评价标注准确度进行评定，可以建立专家准确度档案库，在每次评估工作档案中存放每一位专家的评价结果及其准确度。资源评估组织在邀请专家时，可根据档案库合理筛选。对历次评估准确度较高的专家，与其建立长期合作关系，给予一定的奖励；对历次评估准确度不高的专家，将其从档案中删除，以促进教育信息资源质量的评估更加公正、可信，具有权威性。

专家评估标注模型可以促进教育信息资源质量的提升，提高企业资源的开发效率。教育信息资源建设是一个动态的发展过程，对优质资源应投入较多的人力、物力；对劣质资源应减少投入，甚至应加以淘汰；而对于介于两者之间的资源，应鼓励优化，并追踪改进的方向。只有选择合适的资源类型，遵循既定的规范，资源开发企业才能开发出符合教育需求的优质资源。专家标注结果能够及时反映资源状况，当模型中的某一个或几个分值过低时，资源开发企业可以采取措施，通过强化或修改资源，使其成为利用率高的优质资源；或者，选择不再生产这类教育信息资源，使其逐步被市场淘汰。如果一种资源在准确度上得分较低，表明该资源不能客观反映知识点的内容，应该加以调整和修改；如果一种资源整体得分较低，则很有可能会被淘汰。长此以往，在"优胜劣汰"的竞争环境中，劣质资源将逐步被淘汰，优质资源将得以保留，从而完成教育信息资源的筛选过程，实现教育信息资源的优化。

以网络为基础的专家标注方法在评价教育信息资源时具有诸多优势：①在评估组织方面，传统的专家评估只能采用聘用的方式，专家的数量相对有限，人力、物力投入成本较高；而基于网络的评估方法可以远程操作，便于邀请一线具有资深经验的教师参与评估，有助于提高评估结果的准确度。②在评估过程中，基于网络的远程评估给了评估专家更多独立思考的空间，并能反复查看资源，经过充分酝酿后再进行评估；打分标注的方式也减少了专家的工作负荷，有助于提高工作效率。③在资源利用方面，教育信息资源发布后，专家评价标注信息可以与资源一起发布，为资源使用者选择资源提供参考；教师可以根据自己的水平，因材施教，根据学生的水平选择适合自己教学策略和教学方式的信息资源；学生可以根据对教育信息资源的需求，选择适合自己学习特点的信息资源。

三、教育信息资源价值评价的环境模型

教育信息资源共享系统的环境主要包括政府政策支持及法律法规的保障，相关社会经济发展水平、文化和意识形态，计算机和网络及通信技术的创新，国内外同行的竞争，等等。对这些环境因素进行甄别以选出主要影响因素，在此基础上构建一个环境模型，并进行分析，能够对教育信息资源价值进行有效评价。

根据这些主要环境因素（以下简称"要素"）的组合，我们可以构建一个教育信息资源共享的环境模型，用来协助政府分析形势并采取正确的宏观调控措施，帮助企业制定和调整适应不同环境的经营策略。

环境模型中的每一个要素发生变化，都会使教育信息资源共享的环境发生变化，导致整个教育信息资源共享生态系统变得不平衡。我们首先假设五个要素均可以量化，且每个要素的度量范围可按从弱到强的程度分为1～5级。这五个要素组合中的任意一个发生变化，都会产生一个新的环境。这样五个要素按变化组合，可以产生若干个环境，每个环境都有自己的特性。组合中的要素发生变化，组合就会发生变化，组合所代表的环境也相应发生变化。这种变化也会影响生存于其中的教育信息资源共享系统，使其表现出不同的特征和演变趋向，进一步影响系统中的主体，迫使其做出相应调整，以适应环境的变化。

下面对环境模型的四种特殊状态进行分析，探讨各种要素在这些环境下的特点，以及该环境下的主体适应措施。

（一）最优型环境

在最优的环境中，中央、地方等各级政府大力支持，中央和地方资源共享的行政机制得到完善，没有阻碍；资源共享相关利益者对资源共享的理念理解深刻，各种资源共享的行业组织发挥着专家团队的专业影响力，具有很高的威望，社会认可程度高。

在资金投入方面，由于总体经济环境稳定，中央及各级地方政府资金投入充分，资金使用科学合理，同时也吸引了众多企业和风险资金加入，资源开发、维护及共享的资金充裕且可持续。

在技术环境方面，网络带宽、信息安全等互联网环境优异，教育资源开发维护所需要的技术人才、工具软件等技术资源可按需获得。

在教育资源用户方面，用户需要的资源可以非常方便地获得，用户体验度高，用户自身的技术能力也能保证其高效地使用这些资源，且在很多情况下，这些用户在消费资源的同时还能对资源进行改造再生，从而自己也成为资源生产者。

在这种环境下，各服务提供企业要注重加强核心竞争力的建设，作为资源共享者要随时收集消费者的需求并迅速做出反应；资源消费者也要不断提高自身的应用能力，并及时主动地提交自己的需求；互联网运营商、交易商、技术支持商等技术支持人员要不断进行技术创新和服务改进，以提高服务质量和用户体验；平台供应商也应积极与资源交易方沟通交流，改善交易环境，提升交易体验。

（二）最劣型环境

在最劣的环境中，中央和地方各级政府态度冷淡，对资源共享漠不关心，地方之间、区域之间、中央和地方之间资源共享的行政壁垒重重；资源共享相关利益者为眼前利益所蒙蔽，对于资源共享认识肤浅，资源共享的行业组织根本不存在或形同虚设，社会对资源共享的认同度接近于零。

在资金投入方面，资源建设开发无资金来源，已开发的资源无法保障更新和维护升级，共享更无从谈起。

在技术环境方面，网络带宽、信息安全等互联网环境恶劣，根本无法保障教育资源在互联网上进行使用和交流，教育资源开发维护所需要的技术人才、工具软件等资源获取途径单一且价格高昂。

在教育资源用户方面，用户根本不知道从哪里可以获得需要的资源，或者历经艰难获得的资源却不是自己想要的，用户体验非常差，还有一部分用户的信息技术能力非常差，甚至连上网都成问题，更不用说使用教育资源了。

这一环境下，数字教育资源匮乏，共享更无从谈起，前景暗淡，至多只能说是数字教育资源的萌芽或起步阶段。这就是我国教育信息化起步阶段的环境，在这种环境下，政府应积极引导，大力加强互联网基础设施建设，鼓励企业和风险投资者利用有限的资金进行试点，培养用户。

（三）趋优型环境

改造后的环境中的各种环境因素都会向好的方向发展。在资源共享方面，中央和地方两级政府对于资源共享的态度开始从冷淡转向积极，开始制定支持地方间、地区间、中央和地方资源共享的政策，消除行政障碍；资源共享的利害关系者开始重视资源共享问题，对其重要性的认识加深，资源共享的行业组织开始形成，社会也日益关注资源共享问题。

在资金方面，由于宏观经济环境变好，政府开始逐步加大资金投入，以支持数字教育资源的开发与共享，这也引起了企业、风险投资者的关注，随着企业盈利的增加，将吸引更多资金进入。

在技术环境方面，网络带宽、信息安全等互联网基础环境逐步得到改善，各种法律法规也在逐步健全，教育资源开发维护所需要的技术人才、工具软件等资源获取途径逐渐丰富且价格也呈下降趋势。

在教育资源用户方面，随着各种数字教育资源共享网站的出现，用户查找、使用教育资源的频率在增加，用户体验在逐步提高，随着互联网的普及，用户的信息技术能力也在逐步提高，甚至有部分用户在消费资源的同时尝试着对资源进行改造和再生。

在这种环境下，教育资源生产、交易、消费和共享环境都在发生改变，且向着有利于资源共享的方面改变。这是一个活力逐步增加、充满机会的环境。对企业来说，发展潜力巨大，但由于环境变化太快，要时刻关注新技术、新政策等环境因素的改变。这种环境相当于我国教育信息化大发展阶段的情形，在该环境下，政府要加强重大资源共享工程建设，监控资金的使用，注意避免重复建设，加强区域内外资源共享的协调，消除行政壁垒，加强对教师和学生等一线用户的信息技术能力的培训等。

（四）趋劣型环境

在环境趋于恶化的模型中，各种环境要素在逐步变坏。中央和地方各级政府对资源共享的态度由积极变得冷淡或消极起来，有些区域甚至会出于自身利益考虑，开始设置行政壁垒，阻碍数字教育资源共享，资源共享相关利益者对资源共享问题的兴趣开始下降，对其重要性的认识逐渐淡薄，资源共享的行业组织由于得不到活动经费保障和会员流失而开始消亡，社会对资源共享的关注也在下降，甚至出现大量有关资源共享的负面报道。

在资金投入方面，由于宏观经济环境的改变，政府大幅减少资金投入，企业风投也由于行业竞争的加剧，获利迅速减少，而逐步退出教育资源开发和共享。

在技术环境方面，网络运营商、通信服务商、交易服务商等的服务价格越来越高，教育资源开发维护所需要的技术人才、工具软件等资源的获取价格呈上升趋势。

在教育资源用户方面，用户对数字教育资源的消费比较成熟，要求也越来越高，随着竞争越来越激烈和成本的提高，部分数字教育资源共享网站提供服务的质量开始下降，资源消费价格不断提高，免费资源越来越少，越来越多的资源共享网站或企业由于环境恶劣而退出经营，资源消费者对资源进行改造的兴趣也在下降，对改造后的资源要求收费后才能消费。

在这种环境下，教育信息资源生产、交易、消费和共享环境都在发生改变，是大发展后的一种自我调节，对企业来说既有威胁也有机遇。行业内企业要加强自身核心竞争力的建设，降低成本，保存实力，争取活下来，同时也要积极探索其他盈利模式，进行差异化竞争；行业外企业要谨慎进入。在该环境下，政府对相关企业要加强监管，制定政策淘汰不合格资源共享者，避免无序竞争，加强对教师和学生等消费者的权益保护。

对于不同的主体而言，以上所构建的环境模型具有不同的意义。教育资源共享生态系统中政府所处的外部环境，通过政策及法规的制定、资金的投入，对教育资源共享生态系统产生影响。对于政府而言，通过这一模型，可以帮助政府制定宏观调控政策，即通过模型判断该体系处于什么状态，何时应通过披露和政策法规加以干预，以及采取何种干预措施。对于企业而言，通过这一模型，可以帮助企业明确自身目前所处的环境，找到该系统本身的定位，从而制定相应的战略，以获取竞争优势，实现企业的经营目标。利用这一模型，可以对个人（主要是资源消费者）进行分析，以分析目前我国数字教育信息资源评价正处在一个什么样的发展阶段，应该采取怎样的消费策略，以及如何参与以及何时参与到教育资源的改造和更新活动中去。

第六章　面向教育信息化的教师专业发展

教师在教育系统中具有重要地位，是影响教育质量的根本因素。教师是否专业对学生的学习效果有着极其重要的影响。信息化教学可以大大提高教学效率，同时也可以优化教学效果。本章分为教师应具备的信息素养、教师信息技术应用能力、教师信息技术素养的培养三部分，主要内容包括教师信息素养概述、教师应具备的信息素养、教师具备信息技术能力的必要性、教师信息技术应用能力的结构等方面。

第一节　教师应具备的信息素养

一、教师信息素养概述

（一）信息素养

1974年，美国信息产业协会主席保罗·泽考斯基提出了"信息素养"一词，他认为，信息素养是指利用大量的信息工具和主要的信息源解答问题时使用的技术、技能，后来又将其解释为"人们在解答问题时利用信息的技术和技能"。随着信息科技的飞速发展，人们对"信息素养"有了新的认识。

1989年，美国图书馆协会在报告中指出，信息素养是个体能够认识到需要信息的时机，能够对信息进行检索、评估和有效利用的综合能力。1992年，美国学者多莱在《信息素养全美论坛的终结报告》中明确了具有信息素养的人所应具有的特征，包括认识到信息的重要性，认识到信息对制定决策的作用，为实际应用组织信息，利用信息进行批判性思维和问题解决，等等。1998年，美国图书馆协会和美国教育传播与技术协会从学生学习的角度出发，立足于信息素养、独立学习和社会责任三方面，制定了九大信息素养标准，使信息素养的内涵更加丰富。

对信息素养的认识处于不断发展变化之中，经历了一个从掌握信息技术和技能、具有信息意识，到形成信息评价、鉴定、选择的能力和信息道德责任的过程。

我国学者桑新民认为，可以从三个层次确立信息素养的内在结构与目标体系。第一层次为驾驭信息的能力，第二层次为运用信息技术进行高效学习与交流的能力，第三层次为信息时代公民的人格教养。桑新民认为，只要具有了这三个层次的能力，就可以进行自主学习。因此，具有信息素养是自主学习的基本条件。

目前，虽然人们尚未对信息素养达成一致认识，但经过分析和综合，对信息素养形成了一些共同的看法。例如，获取、利用、评价、生成信息是信息素养的主要特征，内化和整合到形成个体能力系统是其主要的目标。

信息素养是一个不断发展的概念。随着信息技术的飞速发展，新的信息资源不断出现，人们对信息素养这一概念的认识不断深入，人们对信息素养的解释也在不断丰富和扩展。发展到21世纪信息时代，信息素养作为生活在现代社会的公民所必须具备的基本素质，被放到与读、写、算同等重要的位置。

（二）教师信息素养

教师信息素养是指教师在传递信息的实践基础上，根据社会信息环境和发展要求，自觉接受教育和进行培训而逐步形成的对待信息活动的态度，以及利用信息去解决问题的能力。

二、教师应具备的信息素养

具体而言，教师应具备的信息素养主要包括信息意识、信息知识、信息能力、信息道德、信息创新。

（一）信息意识

信息意识，即人对信息的敏感程度，是指人们在信息活动场所中产生的认识，以及所表现出来的内在需求、注意力、观念、敏感度的总和。它主要体现在三个方面。

第一，能认识到信息社会发展的必然趋势，认识到掌握信息对生存和生活的重要作用，愿意顺应和接受信息与信息技术的渗透和应用，确立自己对待新技术的观念和态度。

第二，对信息产生积极的内在需求，主动关注、获取、运用、交流和传播信息。

第三，对信息具有敏感性和洞察力，能够有效地发现并掌握有价值的信息，综合信息现象与工作、生活、学习的关系，从中找到信息问题的关键。

从上述三个方面的描述中，我们感受到信息意识较为抽象的一面，但反映在生活中又比较直接具体。通俗地讲，就是面对不懂的东西，能积极主动地去寻找答案，并知道到哪里、用什么方法去寻求答案，这就是信息意识。例如，在互联网产生和普及之前，人们获取信息的主要渠道是电台、电视台、报纸等公共媒体，还有官方组织范围内的会议、公文及非官方组织的信息交流，以及朋友见面交流、书信来往、电话通信、集会等。而发展到当今信息时代，互联网成为信息获取最为便利快捷但又存在一定信任风险的方式，人们在这个时候反映出来的信息意识、信息观念和信息态度特别明显。

在教学的过程中，教师要意识到自己不仅是学生的导师和学习的合作者，还是课程和信息资源的设计开发者。

教师作为一门课程或整套课程体系的开发者的角色在传统教学中就已存在，但在信息时代，社会环境及教育理论、教育技术的显著变化使得教师对课程设计、开发要有新的理解。以计算机、网络为基础的现代教育技术支持学生进行主动探索和知识的意义建构，而学生的建构主义式的学习需要教师为学生提供各种信息资源。为了给学生创设良好的学习环境，教师需要掌握多媒体技术、网络通信技术，学会在网上查找信息，能够确定学习某种主题所需要信息资源的种类和每种资源在学习中的作用。

在构建课程体系时，教师要有建构主义的眼光，审视社会生活对课程体系、教学模式的影响，需要根据社会对课程内容变革的要求改革传统课程内容，以一系列新的知识、技能、技巧为基础改组课程，以建构主义学习理论为基础改革课程教学的组织形式、教学策略。

（二）信息知识

信息知识是指一切与信息有关的理论、知识和方法。国内学者徐晓东在《信息技术教育的理论与方法》一书中提到，信息知识包括传统文化素养、信息的基本知识、现代信息技术知识和外语。他认为："信息社会是全球性的，在网络上有80%多的信息都是英语形式的，要相互沟通，了解国外的信息，表达思想观念。这就要求每个人应掌握1至2门外语，适应国际文化交流的需要。"

由此推论，一方面，信息知识是没有容量边界和国界的，它随着个体在信息社会的主动学习而不断积累增长。但另一方面，信息知识是信息素养的组成部分，而信息知识是无边界的，这也反映出信息素养是无边界的。但信息素养又是一种综合能力的稳定反映，即使一个人没有掌握1至2门外语，他的信息素养水平也可以是较高的。但我们总不能把信息素养分为中文类信息素养和外文类信息素养。作为信息素养的重要组成部分，信息知识主要包括六个方面。

1.基本信息知识

进入信息时代后，虽然人们获取知识的方式和内容发生了很大的变化，但知识的积累仍是人们提升自身文化修养的重要基础。信息知识是对传统文化知识的延伸与拓展。信息时代，教师要想提升自身的信息处理能力，就必须具有快速阅读的能力，有效地获取有价值的信息，了解信息技术的基本常识与历史，掌握基本的信息知识。

2.多媒体知识

信息时代，在教学实施过程中需要用到多种媒体，这就要求教师了解软件的作用与特征，掌握各种软件的使用方法。为提高信息教学的质量，教师应依据不同的学科、教育对象、教学目标、教学内容等选择适合的媒体。

3.网络知识

随着信息技术的飞速发展及互联网的广泛应用，网络技术在教学中发挥着越来越重要的作用。信息时代，远距离教育和学生自主学习是两种重要的人才培养方式。

各种教育机构、科研机构和文化机构通过计算机网络密切联系在一起，为学生营造了良好的学习环境。因此，在信息化教学中，教师必须掌握网络基本知识，具备网络操作能力。

4.课程整合知识

为实现信息技术与学科课程的整合，教师要能够熟练地将信息技术与不同媒体进行重新整合，要能够实现信息技术与学科教学的有机融合。

5.外语

信息化社会是开放性的、国际化的，互联网是人们主要的信息交流平台。互联网上的信息80%是英语信息，教师只有掌握一定的外语知识，才能够实现信息的交流，适应当代教育信息化发展的要求。

6.终身学习

终身学习与信息素养的培养具有密切的联系。所谓终身学习，是指通过一个不断的支持过程来发挥人类的潜能。人们通过终身学习，能够获得发展所需的知识、价值、技能，并在任何任务、情况和环境中合理应用它们。

随着教育信息化的快速发展，教师的信息知识也要不断进行更新。教师要充分了解信息的特点和含义；了解书籍、报刊、录像、电视等信息源的种类及使用方式；掌握录像机、幻灯机、投影仪等信息展示新技术的使用方法；掌握高效获取信息的图书分类知识、信息检索方法等。

（三）信息能力

信息能力，从狭义上讲，包括信息技术操作能力和运用信息技术解决问题的能力，是指个体利用信息技术手段进行信息的搜索、筛选、获取、评价、加工、表达和交流的能力；从广义上讲，除了上述能力以外，还包含语言能力、思维能力、观察能力、判断能力等间接能力，它们对个人信息能力的水平层次产生影响。也就是说，信息能力不仅仅是指可以上升为固化的技术能力的一般操作层面的习得性技能，还涉及高级思维能力的计算，同批判性思维、问题解决能力联结在一起，是一种高级的认知技能。信息能力具体可分为基本信息能力和教育信息能力。

1.基本信息能力

基本信息能力主要可以分为以下四个方面。

（1）信息系统的应用能力

信息系统的应用能力既包括对硬件系统的操作能力，又包括对软件系统的使用能力。例如，教师能够对多媒体计算机进行熟练的操作，能够熟练运用网络查询、浏览等软件。

（2）信息搜索获取能力

信息搜索获取能力，顾名思义，即教师对信息的搜集能力，其在很大程度上取决于教师对信息源的了解程度，以及对信息工具运用的熟练程度。

（3）信息的加工能力

信息的加工能力是指教师在获取信息之后，对信息进行鉴别、分析、综合，最终内化为自己的思想的能力。从实质上讲，信息加工是指在原有信息的基础上对信息的重新再造，包括对信息的分类、理解、综合和评价。所谓分类，是指按照一定标准对信息进行筛选和分门别类的处理。所谓理解，是指准确把握不同信息的内涵和特点，了解信息的内在价值和意义。所谓综合，是指在对信息进行分类和理解的基础上，将有用的信息进行重新组合。所谓评价，是指从信息的时效性、科学性出发，对其进行科学的价值判断。

（4）信息的应用能力

获取信息、加工信息是信息应用能力的基础，在此基础上，实现对信息的优化、表达和再生。

2.教育信息能力

教师的教育信息能力主要包括以下几方面。

（1）进行信息化教学的能力

随着时代的进步、科学技术的迅猛发展，信息化教学越来越受到重视。信息化教学将计算机多媒体技术、网络技术、人工智能等现代信息技术作为技术支持，以先进的教育教学理论作为指导，对教学进行了全方位的变革。综合来说，信息化教学要求教师至少需要掌握媒体技术、信息应用、教学实践、评价研究等方面的能力。

（2）信息技术与学科教学整合的能力

在信息化时代背景下，信息技术与学科教学的整合是基础教育课程改革的一项重要内容，对于信息技术课程目标的实现具有重要的意义。

需要强调的是，在信息技术与学科教学整合过程中，应将信息技术作为一种认知工具，积极引导学生获取信息、探索问题、解决问题和建构知识，实现学科教学与信息技术的整合。

（3）教育知识管理能力

教育知识管理能力是指在面对庞杂的网络信息资源时，能够及时获取有效的信息，并对其进行加工、处理，将各种教学资源转化为具有网状联系的规范知识集合，并对这些知识进行有效的管理和利用。

教育知识管理能力要求教师遵循知识管理的基本原则，即积累、共享、交流的原则。积累是进行管理的基础，是对知识资源数量和质量的要求；共享要求学习组织内各成员之间的知识具有开放性；交流要求学习组织内成员之间要进行积极的沟通。

另外，教师还要对包括知识的生成工具、编码工具、转移工具在内的知识管理工具有一个深入的认识，并且能够做到熟练运用。

（4）信息教育的能力

在信息教育中，教师一方面要通过自身的努力学习不断提升自身的能力，另一方面要积极引导学生接受信息教育。这就要求教师在实际教学过程中不断渗透信息教育的内容，在现实生活中自觉运用。

（四）信息道德

信息道德是指在信息的采集、加工、存贮、传播和利用等信息活动的各个环节中，用来规范其间产生的各种社会关系的道德意识、道德规范和道德行为的总和。它通过社会舆论、传统习俗等使人们形成一定的信念、价值观和习惯，从而使人们自觉地通过自己的判断规范自己的信息行为。信息道德在互联网发展初期较难监管，但随着各种应用平台实名制的发展，人际互动交流中的不良信息道德行为相对减少，但隐性的行为特别是涉及一定专业技术的行为仍然存在，如虚假信息传播、网络欺骗陷阱、黑客攻击、账号盗取、信息资源的版权侵占等。这些行为都对人的道德水平、文明程度提出了自律性要求，也对国家发展网络监管技术提出了更高的要求。

现代信息技术在不断充斥着我们的生活，为教育教学信息的获取、加工、传输带来极大便利的同时，也带来了许多不容忽视的问题，如网络黑客、版权问题、个人隐私问题等，这些问题的出现给我们的道德教育提出了新的课题，它对信息社会的每一个人都提出了新的要求。在信息化社会，就教师而言，其不仅自身要具有良好的道德修养，而且还应具备进行信息道德教育的能力。

信息道德的内容可概括为两个方面、三个层次。

两个方面是指主观方面和客观方面。主观方面指人类个体在信息活动中以心理活动形式表现出来的道德观念、情感、行为和品质，即个人信息道德。如对信息劳动的价值认同，对非法窃取他人信息成果的批判等。客观方面指社会信息活动中人与人之间的关系以及反映这种关系的行为准则与规范，即社会道德行为。如扬善抑恶、权利义务、契约精神等。

三个层次是指信息道德意识、信息道德关系和信息道德活动。

信息道德意识包括与信息相关的道德观念、道德情感、道德意志、道德信念、道德理想等。它是信息道德行为的深层心理动因，集中体现在信息道德原则、规范和范畴之中。

信息道德关系包括个人与个人的关系、个人与组织的关系、组织与组织的关系。这种关系是建立在一定的权利和义务的基础之上，并以一定的信息道德规范形式表现出来的。如联机网络条件下的资源共享，网络成员既有共享网上信息资源的权利，也要承担相应的义务，遵守网络的管理规则。成员之间的关系是通过大家共同认同的信息道德规范和准则维系的。信息道德关系是一种特殊的社会关系，是被经济关系和其他社会关系所决定、所派生出来的人与人之间的信息关系。

信息道德活动包括信息道德行为、信息道德评价、信息道德教育和信息道德修养等。信息道德行为即人们在信息交流中所采取的有意识的、经过选择的行动；根据一定的信息道德规范对人们的信息行为进行善恶判断即信息道德评价；信息道德教育是按一定的信息道德理想对人的品质和性格进行陶冶；信息道德修养则是人们对自己的信息意识和信息行为的自我解剖、自我改造。

（五）信息创新

创新是指打破现有的思维模式，提出不同于常规思路的观点，进而生产出促进社会文明进步的前所未有的精神或物质产品。随着社会的不断发展，竞争无处不在，只有懂得创新的国家才能有立足之地。因此，要注重对创新型人才的培养。而承担着培养创新人才任务的教师，只有从自身出发树立创新意识，提升创新能力，才能为学生树立良好的榜样，促进学生创新能力的提升。

1.教师的创新意识

教师的创新意识具体包括以下几点。

第一，能够敏感地发现问题，注意到某一情境中存在的问题。

第二，对问题的新颖性进行分析，能够提出与众不同又有科学依据的观点。

第三，对新事物要保持好奇心，并积极弄清它们的发展趋势，提出有价值的问题。

第四，具有浓厚的创新兴趣。创新型人才对各种活动都表现出浓厚的兴趣，他们向往并热衷于创新活动，他们能从中得到心理上的满足和快感。

第五，保持怀疑，要对一些传统的观念和看法进行大胆发问，要善于发现和观察，关注其他人忽略的事物，在一些习以为常的事物中发现新的问题，敢于质疑大家公认的真理。当然，怀疑并不是盲目的、凭空出现的，而是要建立在一定的科学依据基础上的。可以说，对传统学说、观念、理论提出问题，是建立新理论的重要基础。

2.教师的创新能力

教师的信息创新能力的重点应是能创造出各种条件来培养学生的创新能力。具体而言，教师要努力做到以下几点。

第一，转变传统的教学观念。教师不再向学生灌输书本知识，而应注重调动起学生参与课堂的积极性，最大限度地激发学生的创造性。教师在利用多媒体信息网络教室进行教学时，不仅要向学生传授知识，更要教会学生掌握适合自己的学习方法。

第二，为学生营造良好的创新环境，具体包括教学心理和计算机教学环境的营造。教师在教学过程中，不应把自己的思维强加给学生，而应鼓励学生进行大胆质疑，积极表达自己的意见和观点，培养学生的创新意识。当意识到学生提出的观点不正确时，不应立刻对其进行否定，而应逐步引导其认识到自身的问题所在，并积极探索出正确的结论。

第三，合理利用多媒体点播系统激发学生创新思维。教师在进行课程综合设计时，要发掘一些有利于训练学生创新能力的课题，要启发学生自己发现问题，自己解决问题，使学生逐步养成独立获取知识和创造性地运用知识的习惯，要注重培养学生发现问题、提出问题和解决问题的能力。利用多媒体网络，能够让学生对所学的知识有一个直观的认识，可以让学生通过实际操作，不断加深印象；网上冲浪可以让学生遨游网络世界，并在教师的指导下获得大量的知识。

3.教师的创造性思维

教师的创造性思维主要表现在对学生的创造性思维的培养，应遵循培养创造性思维的五个原则。

第一，积极培养发散性思维，做到同中求异、正向反求。

第二，积极培养直觉思维，从大处着眼，将知识进行结构化、图表化处理。

第三，积极培养形象思维，积极表象，启发联想，大胆想象，不要孤立地培养形象思维，要用与逻辑思维相结合的方法培养形象思维。

第四，积极培养逻辑思维，提升对事物的分析、综合、概括能力。

第五，积极培养辩证思维，对问题进行实事求是的分析。

第二节 教师信息技术应用能力

一、教师具备信息技术能力的必要性

自从计算机信息技术的发展为教学引入了互动和合作方式以来，计算机辅助教学的新型教学信息技术在教育中越来越受到重视。同时，许多国家和地区认识到教育需要改革，而改革的重点、突破点在于使用现代信息技术，信息素养的提高有赖于信息技术的熟练运用，信息技术是培养下一代信息素养的重要途径之一。信息技术教学对教育的发展发挥着至关重要的作用，它不仅改变了学生的学习习惯和学习方式，在很大程度上促进了学生主动学习与自主学习能力的提升，而且对教育理念、教育模式等方面产生了深刻的影响。

对于我国广大教师来说，其正面临着教育信息化和课程教学改革的新挑战，作为教育改革的最直接实施者，广大教师理所当然地应该将教育技术能力作为其专业能力的重要组成部分。信息技术在教学中的推广，使学生能够接触到大量的信息技术，不断提升自身的信息意识，提高信息伦理道德修养，掌握信息技术的基本知识，掌握运用信息技术的能力。

简言之，信息技术在教学领域的运用，为学生提供了广阔的学习空间、充足的学习资料、多样的学习方式，同时，它也向教师呈现了一个前所未有的教学场景，能够对教师的教学手段、教学方式进行改善，有效减轻教师传授知识的压力，使其将更多的时间和精力投入关注学生、引导学生的教育活动中去。这有利于信息化校园的形成，有利于营造培养信息素养的环境，有利于教师信息素养的形成，并为学生的信息素养和创新能力培养起到示范作用。

二、教师信息技术应用能力的结构

信息技术应用能力结构一般包括信息技术基本知识、信息技术教学应用两方面，这两方面之下包含了许多小的子部分。

（一）信息技术基本知识

信息技术基本知识是信息技术教学得以顺利开展的重要基础。信息技术基本知识主要包括信息技术的基本常识、优势与局限、伦理道德等内容。

1.信息技术的基本常识

信息技术的基本常识包括信息技术的定义、信息技术的常用名词术语、信息技术的类型及特点、信息技术的发展状况、利用信息技术需要的硬件及软件系统及这些部分在信息系统中的基本功能、信息系统工作原理等。

2.信息技术的优势与局限

教师既要认识到信息技术的优势，也要认识到信息技术的局限性。

信息技术的优势主要表现在以下三点。

第一，信息技术为人们获取丰富知识与所需信息提供了方便。

第二，信息技术为人们进行高效的思考与工作提供了工具。

第三，信息技术的应用有利于教师及学生信息素养的提升。

信息技术的局限性主要表现在以下两点。

第一，有人可能利用信息技术传播违背人类伦理道德的信息。

第二，在使用信息技术分享信息数据时，传播的信息资源可能是错误的或不真实的。

3.信息技术的伦理道德

教师在利用信息技术时应注意法律与道德问题。有意制造与散布计算机病毒、利用信息技术盗窃国家机密、利用信息技术破坏他人的数据与信息、侵犯他人与信息技术有关的知识产权问题等都会产生信息技术伦理道德问题。

（二）信息技术教学应用

随着教育信息化的大力推进，学校应着力开展信息技术教育，把现代信息技术引入学科教学，培养学生的创新精神和实践能力。在学校教学中应用的现代信息技术，主要是指以数字化、网络化、多媒体化和智能化为特点的信息技术。

大量的文献表明，国外一些国家和地区在现代信息技术的教学研究方面取得了一定的成果，掌握了丰富的教学方法，如支架式教学、抛锚式教学、项目研究式学习、协作式学习等，这些方法主要是围绕研究项目或学习主题提出的，学生从广泛的信息资源中筛选出自己所需要的信息，然后根据完成学习任务的需要，对筛选出的信息进行分析处理，最终解决问题。近年来，我国在信息技术教学应用方面的研究也取得了新的进展，主要表现在以下几个方面。

第一，教师的教学观念发生了重要的转变，认识到学生在学习中的主体性地位，教师只是学习情境的设计者，在学生获取以及利用学习资源时对其进行有效的指导和帮助。

第二，教师将研究的重点从教学媒体开发及其教学运用转向学习资源的设计开发。

第三，在计算机网络等现代信息技术的学科教学应用中，教师应突出其工具的作用和创设建构主义学习环境的作用，在建立校园网、多媒体教室网等基础之上促使学生进行自主学习和研究性学习；教师应重视教学信息资源库的建设，建立各学科教学信息资源库。

例如，可以将信息技术作为演示工具，将知识直观地呈现给学生；可以将信息技术作为学习资源获取的工具，使学生通过网址、搜索引擎等工具获取所需信息；可以将信息技术作为情境探究和学习的工具，通过创设虚拟环境，不断提升学生的科学研究的能力；可以将信息技术作为评测和反馈工具，通过编制操作练习型软件等，让学生对自己的学习进行检测，及时发现问题。

第三节　教师信息技术素养的培养

学者梁文鑫等人从生态学的角度提出面向信息化的教师专业发展的阶段及促进策略：①生态突变期的学习、模仿与尝试使用阶段；②生态进化期的困惑、怀疑阶段；③生态融合期的确定应用阶段；④生态平衡期的创新应用阶段。该研究通过剖析教师教育技术能力的生成阶段，为教师提供了每个阶段需要采取的策略，保证教师分阶段地按照指引完成面向信息化的自我发展。

学者周红春提出教师的教育技术能力培养应从教师个人、教师组织、学校管理和相关行政主管部门或行业协会组织多个层面入手进行组织；建立基于教育技术的学习共同体，提高教师的合作与交流能力；通过制定相关激励政策，完善培训管理与保障体系，促进教师提高教育技术能力；通过评奖、评比等活动，促进教师提高教育技术能力；建立跟踪回访制度，促进教师提高教育技术能力。该研究根据其实践经验提出了教师教育技术能力培养的方法与措施，具有较强的参考价值和实践指导意义。

学者谢舒潇等人提出体验式培训理念。体验式培训是受培训者在培训教师指导下通过自身体验、广泛交流和积极反思，提高自身认识、增强解决实际问题能力的一种培训方式。教师教育技术体验式培训模型依据体验式学习圈的原理而设计，它包含前端分析、亲历回顾、体验学习、交流协作、展示分享、评价反思和培训后支持等七个环节。这种培训模式以学员需求为中心，以具体活动为背景，以亲身体验为手段，避免了传统培训的枯燥乏味，激发了学员在真实体验中建构知识、增进能力的主动性和积极性，实现了知识传递与工作体验及个人创新与团队协作的有机结合，创造了一种能快速实现知识迁移和能力内化的可持续发展培训模式，为教师教育技术培训开辟了一种新途径。

由此可见，当前教师教育技术能力的培养策略体现出依据教师专业化发展的基本规律，以教师需求为导向，以亲身体验为手段，注重学习共同体的构建，为教师的信息技术应用能力培养提供了可靠的指导。

一、深化教师职前培养

教师能力发展是一个系统的过程，职前培养与在职培训都是不可或缺的重要促进环节，是能力发展不同阶段的脚手架、助推器。职前教师和在职教师信息化教学能力提升的侧重点不同，职前教师主要是以技术知识的获得以及技能训练为主，在职教师则以基于技术知识和技能的应用实践为主。信息化教学能力的提升是一个一体化发展过程，应从职前培养的源头入手，并延续贯穿到职后动态实践之中。

职前培养需要从培养模式、课程、平台建设等方面入手，不断完善培养体系。

如构建四年一体的信息化教学能力培养模式，从感知、领悟、体验、提升四级培养目标出发，分年级将信息技术知识和技能教学渗透在课程学习、见习调查、微格教学、教育实习当中。还可以建设信息化协同育人平台、构建信息化教学技能训练和竞赛体系、开发与实践面向信息化教学技能提升的微型课程，探讨协同培养、以赛代练、在线学习等培养模式，以期收获更好的培养效果。

开发能够有效支持信息化教学能力培养的信息技术和教育技术公共课程，采用问题解决、任务驱动、案例学习、合作交流等教学策略以及混合学习、移动学习等学习方式，从与教学相关的信息技术到教学资源设计开发的工具和方法再到与具体学科融合的信息化教学设计、实施、评价的综合知识逐层开展培养，完成信息化教学知识的普及与渗透。

如整合微格课室、网络教室、多媒体教室、远程教育实验室以及学科教学资源网等教师教育信息化实训平台，实现课堂教学自动录播、远程见习、视频互动以及资源共享，破解信息化教学技能的训练难题，完成信息化教学知识的应用与深化。此外，为促进教师能力持续发展，建设教师教育学院和教师教学发展中心成为一种探索路径，其可承担教师培养和培训一体化发展的理论研究、模式实践、绩效评价等工作。

师范院校作为培养信息技术教育教师的主要阵地，其培养出来的教师首先要转变观念，运用所掌握的信息技术，合理有效地利用教学资源，成为学习的促进者。师范院校应充分利用现代教育技术中心与互联网，积极收集一线教师成功的教学经验与方法，使有效的教育信息资源通过最快捷的方式得到更广泛的传播。另外，为了便于物质资源与人力资源的共享及科技成果在教育中的转化与应用，应当鼓励学校与企业、学校与学校（包括师范院校与其他综合院校）之间的合作。

信息技术与学科课程整合是信息技术教育的一大目的。信息技术教育既要与计算机科学相结合，也要与教育教学有关理论、技术，如教育学、心理学、教学设计等有机地结合。师范院校开展信息技术教育研究有其独特的有利条件：师范院校的教师一直站在教育思想、教学模式和教学方法研究的前沿。师范院校的学生具有相对较突出的自学与合作的意识与能力。这些优势都有利于对信息技术教育教学中不同学科的教学模式、应用效果进行研究。

信息技术教育课程不应只是计算机专业或教育技术专业学生的专业课，而应成为所有师范专业学生的必修课。对于信息技术专业的师范生，应侧重其教学内容与教学管理等软件的开发能力的培养；在其他师范专业的教学中，应注意信息技术在各学科教法中的应用，使未来的教师学有所用，以此提高教师把信息技术有效整合于学科教学、深入课堂的能力。这些侧重同时应在教材内容与课时分配、资源配置等方面得到体现，应该是动态开放的。

师范院校要想培养出一大批适应基础教育需要、具有国际化理念、掌握先进信息技术的教师，必须逐渐将高等师范教育与国际接轨。如在e-Learning技术上，欧美许多国家的网络教学设计标准与方法以及校企合作、校际甚至区域合作与开发的模式就很值得我们学习与借鉴。信息技术教学内容的标准化也有利于教学资源的共享。为了解与掌握国际先进的教育理念与信息技术，打开另一扇认知信息世界的窗口，具备双语教学与研究能力的未来教师的培训亦是必要的；高等师范院校信息技术类课程的双语教学的课时量应适当加大，且教材与教师的选用应密切配合学生实践技能的培养目标。

教育技术专业人才是教育技术专业的产物，更是教育技术专业的未来。

教育技术专业人才的培养直接影响教育技术学的发展。为了尽快使教育技术专业的发展跟上时代的步伐，尽快打通抑制教育技术学发展的瓶颈，我们必须在原有培养模式的基础上进行改进创新，尽快建立我们自己的有教育技术专业特色的人才培养模式。

以往很多教育技术专业的学生由于开始就不了解或不明确教育技术专业的定义及内涵，导致以后的学习和生活都是在模糊懵懂的境遇下展开的，所以，为了避免这一现象持续下去，在新生正式开始学习本专业的课程之前，可以先进行学前培训（主要以讲座的形式展开），主要目的是让学生明确教育技术专业的内涵，知道自己将来的责任和义务，让学生知道要具备怎样的能力才是自己的生存之道。首先，教育技术专业的学生应该是教育人才，应该有深刻的教育、心理和传播学功底；另外还要有技术，掌握信息技术和多媒体、网络技术。

由于各高校总体发展方向和所处地域不同，各高校应根据自己学校的实际情况，根据自己的办学条件和特色，发挥该高校在全社会或该地区的优势，结合社会对人才的需求设定自己的培养目标。依据高等教育的任务和本科教育层次的学业标准，本科的教育技术专业培养的是该专业领域的通用人才，本科教育不可能做到"全而精"，但是能做到"全而某方面精"，真正培养出"又红又专"的人才。研究生阶段应旨在培养具备掌握本学科的理论知识，相对独立地进行教学资源和教学系统的设计、开发、运用、组织、管理和评价等某一方面（或几个方面）的工作，与人协作或独立地进行相关的科学研究，独立完成学位论文的撰写这四种能力的人才。高校应在专业设置方面进行广泛的社会调研，即实现专业设置市场化，使学生在校所受教育的知识结构能够和社会需求尽量匹配。

培养目标的实现主要是通过学校所设置的课程而达成的，课程是实现培养目标的中介和保障。各院校可以在原有的课程设置基础上再进行分方向设置，教育技术专业的学生应主修自己所选方向的课程，其他方向的课程学生可以以选修课的方式来进行选择性学习，选修自己感兴趣的课程。这样就能解决课程复杂多样、学生学得多而不精的问题。

在不同方向专业课的设置上，要注重补充与今后从事职业相关的学科知识，提高学生在就业中的竞争力。要注重实践、实习课程的设置，加大实践、实习课程的比例。多学习书本知识固然能够使理论知识扎实，但是没有足够的实践，理论知识如果长期得不到应用，也会慢慢被淡忘，只有在足够的具体实践之后，所学的理论知识才能在学生的心中留下深刻的印象。本科生阶段要加大实践课程的课时及学分数，让学生切实地做到将理论应用于实践，用实践来检验自己的理论学习；研究生的学习及培养计划除了要学习专业课程外，更重要的是科研实践方面的考察，研究生阶段的学习更多的要在科研项目中进行。

实习是对学生的专业技能和教育教学能力进行全面综合训练的重要环节，也是检验教育质量、保证人才规格的重要手段。本科生的实习要根据学生的专业方向让学生到与自己专业方向对口的单位进行实习，学生要在实习的过程中增进自己的职业技能，为以后从事相关工作打下坚实的基础。研究生的实习更注重的是学生科研能力的培养，可以让学生到自己研究领域的科研机构及与自己研究领域相关的单位去实习，这样有助于培养研究生的协作能力和分析具体问题的能力，也有助于他们在各自的专业领域有新的建树，更有助于他们在将来的工作岗位上取得更大的成就。

各高校应拓宽教育技术专业人才的就业口径。例如，要开拓企业培训的就业领域，可以实行校企联合的方式专门为企业培养教育技术专业的人才。同时，加强毕业生就业指导，使他们树立正确的就业观。高校就业指导部门的就业指导范围除了继续进行就业政策咨询、就业手续办理和就业信息服务外，还应介绍当前就业形势，帮助毕业生测定职业兴趣，提高求职技巧，分析求职情况，做好职业规划，培养正确的求职观念，使高校毕业生在求职时能够根据当前就业的客观形势，结合自身条件建立积极正确的职业目标和职业战略，把社会需求和自己的求职愿望有效对接。

二、创造良好的培训环境

（一）成立专门的培训部门

教育行政部门对于整个教育事业的发展与建设起着决定性的作用。从教育部到地方各级教育行政部门都应设立相应的培训部门，全面负责教师信息技术素养的培训工作。相关实践表明，通过层层设置组织机构，能够极大地增强教学工作力度，有效落实国家相关政策，进而提升信息教育教学质量。

（二）加强信息基础设施建设

教师信息素养的培养与提高，需要以信息基础设施建设为基础，可以说，只有加强信息基础设施建设，才能促进教师信息素养与教学实践的结合。

学校硬件建设是教师信息素养全面提高的物质保障。要加强信息基础设施建设应从校园网建设、现代教育技术中心建设以及计算机中心建设等几方面入手。

1.校园网建设

校园网在学校信息化建设中发挥着重要的作用，为学校信息化的实现提供了重要的平台。随着校园网的建立和广泛应用，教学教务管理、行政管理和校内外信息沟通等工作越来越便捷。因此，校园网建设是信息基础设施建设的一个重要方面，应努力使校园网站的内容更加丰富多彩，使校园网的资源，特别是教学资源更加多元，为教师进行信息教学提供方便。

2.现代教育技术中心建设

现代教育技术中心的建设成果具体反映在一些相关的技术设备上。只有具备一定的技术设备作为基础，教师的信息技术素养才能够得到提高。因此，学校应加大资金投入，完善信息技术教育所需的硬件设备，为教师开展信息化教学提供物质基础。

3.计算机中心建设

在信息技术飞速发展的今天，各级学校的教师都应该熟练掌握计算机的操作技术，这也是提升其信息技术素养的一个重要要求。因此，各个学校应不断完善学校教师机房的建设，接入局域网或国际互联网，并将校园网接入各个教师的办公室，配备相应的课件素材库，为教师进行信息化教学提供坚实的基础。同时，还要加强对教师的培训，使其能够熟练应用多媒体软件并做到灵活运用。

由于我国目前的经济条件有限，而且各地区的经济发展不平衡，因此，各级学校应坚持实事求是的原则，从实际出发，逐步实现教师信息技术素养的培养和提高。

（三）加强学校间的合作与交流

各个学校要加强协作，对教师进行有效的引导，具体应做到以下几点。

第一，加强校际合作，积极举办讲座和研讨会，为教师提供学习的机会。学校应邀请相关单位的专家教授来校开展讲座和研讨活动，并下发一些与信息素养培养相关的书籍、资料等，对教师进行有效的引导，进而提升教师的信息素养。

第二，学校对参与科研工作的教师予以一定的奖励，通过建立完善的激励机制，鼓励教师进行科学研究，努力实现对研究型教师的培养。同时，学校之间应加强研究成果的交流，相互借鉴，相互学习，实现共同进步。

第三，将各地各学校一些成功的教师信息技术素养培养的案例作为范例进行研究、学习。

第四，各个学校对教师可能会采取不同的评价方法，并且有着不同的经验积累，学校间应加强合作与交流，建立更科学的教师评价体系。

第五，学校应致力于对基础教育阶段的教育与考试方法进行改革，将侧重点放在对基础知识和能力的测试上，逐渐形成完善的素质能力考核体系。

（四）开发培训平台

随着现代教育技术在学科教学中的应用不断加深，各类教师培训平台也应运而生，很多平台在完成教育技术能力培训方面都起到了良好的推进作用。但是，个性化资源推送、学习活动设计以及学习流程安排并没有很好地在远程培训中得以实现与运用，而这些恰恰是网络培训平台适应教师专业发展而进行有针对性培训所应关心的重要问题。

三、提供专业培训课程

设置信息技术方面的课程，进行信息技术方面的培训，是目前各个国家与地区进行信息素养培育的最主要的手段，它是信息技术素养培育途径中的基础。

设置信息技术方面的专门课程，应在课程内有系统有计划地安排各项教学内容，要有完整的教材，要规定具体的信息素养评价方法与标准，同时按照一定的方式组织专门的教师培训，形成一支正式的专门的培训队伍。进行学习的教师以比较集中的时间完成信息技术知识伦理道德与基本能力的培育工作。

例如，学习者可以比较系统地了解信息技术的历史与发展趋势，可以在信息系统的使用规范方面得到具体周详的指导（包括键盘与鼠标的使用、正确的姿态、法律道德教育等），而不是完全靠自己摸索。这一点对于信息技术的初学者来说，是十分重要的。通过专门的信息学课程的学科教育，为其他途径的信息素养培育打下应用信息系统的基础。

现在，信息产业已经成为人类社会经济发展的一个重要支柱，社会各个领域对于教育提出了从信息系统的熟练的操作人员、信息系统软硬件的管理维护人员到信息系统的开发人员等各个层次的信息技术的人才培育需求。尽管相对于接受基础教育的总人数来说，并不需要全体人才达到这些水平，但是对于像我国这样不可能完全普及高等教育的发展中国家来说，在基础教育及中等教育阶段利用选修课、活动课等学科教育形式对大量人员进行信息技术培训，不失为一种人才培养的重要途径。

四、进行不同层次的培训

我国的信息技术教育在各个地区的发展差异较大。在国家和各级政府为缩小差距采取相应措施的同时，对现有资源与师资力量进行合理利用也很重要。比如可以在条件较好的地区结合互联网及其他先进技术，以应用性内容为重点来培养师资力量，并应用网络提高教师间的合作技能；在条件相对较差的地区努力营造基本的信息技术教育环境并加强其他教学媒体使用能力的培训，即注意信息技术及其应用的层次性。

由于我国教育发展水平地区性差异明显，因此，应考虑到不同的教师群体的信息技术素养水平，基于不同的教师群体采用不同层次的培训策略。

（一）基础层次

基础层次的培训是对信息技术的普及，主要包括对信息基础知识、基础的信息操作技能进行的培训。

基础层次的培训要针对不同的职位有所区别。例如，学科教师、管理人员和信息技术人员由于职务不同，培训内容也应有所区别，要有针对性。

（二）应用层次

针对我国信息技术素养培训脱离教学实际的误区，笔者提倡信息技术的培训应从以下几方面入手。

1.采取基于任务的培训方式

传统的培训方式与教学实践结合不太紧密，只重视对信息技术层面的培训而忽视了将信息技术整合进教学实践中的问题，所以要构建面向课程整合的教师信息技术培训。这种培训是要基于教学任务的，主要是为了解决教学过程中出现的问题。另外，在培训过程中，培训者要根据实际情况对培训计划进行修改，使教师除了掌握本学科教学中的信息技术外，还要掌握相关学科教学中的信息技术。

2.推行跨学科的培训方式

从教师信息技术素养的培养现状来看，各学科教师之间缺少必要的交流。基础教育课程改革倡导打破学科界限，提出在新的基础教育课程结构中，作为新生事物的综合课程已经成为学校课程体系中的重要组成部分。课程结构的改革要求教师跨越学科界限，与不同学科的教师进行交流，相互促进。

在应用层次中，信息技术与课程整合的应用是逐步变难的，这也为进行教师信息技术素养的培养设定了层级目标，培训者可按照这个层级进行教师培训。

五、面向全体教师进行培训

了解信息、开展教学研究的重要手段是利用信息技术，因此，在学校里开展教职员工的信息技术全员培训已经成为学校面向现代化的必要条件。在学校建立信息系统的必要条件是硬件、软件与人的信息素养的共同协调发展，而人的能力与积极性是信息系统发挥其潜力与取得效益的前提。只有学校中大部分教职员工能够使用信息系统，信息系统才能发挥效益，否则就是一种浪费。

根据目前的趋势，同样的投入在半年到一年左右就可能建立软硬件水平更高一些的信息系统。所以，我们一定要提倡学校中的教职员工能够用、会用并且想用信息技术。因此，像广西壮族自治区的一些地区在计划开展信息技术教育的时候，就首先派出教师去参加信息技术培训的做法是非常正确的。许多学校以各种方式鼓励与要求45岁以下的教师都要经过信息技术的基本培训，达到一定水平的做法也是值得提倡的。

值得指出的是，在进行全员培训的时候充分利用信息系统是行之有效的一种途径。学校可以通过提供服务、安排时间、组织学习任务与考核的方式，使教职员工有可能通过使用信息系统来学习信息技术。这样做的优点是不言而喻的，教师不仅学会了信息技术的有关知识，而且了解了如何利用信息技术进行教学的一些方法，从而可以在自己的信息技术辅助教学活动中利用这些经验。

提出全员培训的看法，并不是说所有教职员工都达到一样的能力水平，都具有一样的积极性。由于学校教职员工人数比较多，采取通过骨干来带动一般的方式，可以比较快地推动教职员工的学习与进步，而且可以相互帮助，提高使用水平。通常学校中这方面的骨干本身要在学科教育方面有一定的成就，而且有学习与应用信息技术的积极性，并且有着比较好的合作精神与助人为乐的态度。

对于骨干的培育方法是提出一些更高的任务要求。例如，不是简单地开展几次利用信息技术辅助教学的课，而是在一段时间内开设一些带探索与指导意义的信息技术辅助教学课；安排更多一些的研究时间与更多一些的进修交流机会；给予更多一些的信息系统使用时间与条件；关心指导更加多一些。

六、使用多样化工具

对在职教师的信息技术培训应从传统的信息技术基本技能（操作系统、常用软件的使用等）转向面向教学应用技能和方法的培训；培训除体现固有的专业知识体系外，还应灵活地结合信息技术发展的最新内容。考虑到信息技术发展的速度，课程设置与教材的选择与编写应具备一定的灵活性。鼓励信息技术教育骨干教师带动其他教师学习并掌握信息技术及应用，比如可以利用"结对子"的方式展开合作。另外，由于每个教师的研究领域及思维风格和教学风格不同，对信息工具的选择和利用会呈现出差异性和多样性。学校应该允许和鼓励教师利用自己认为有效的信息工具进行教学，这有利于提高教师利用信息技术辅助教学的积极性。

七、开展多种形式的培训

（一）校本培训

校本培训具体包括学校利用一定的时间组织的信息技术培训以及信息技术与课程整合的教学观摩等。

2018年中共中央国务院印发的《关于全面深化新时代教师队伍建设改革的意见》对新时代的教师专业素养提出了新的要求，做出了新的设计。作为提升教师专业能力的一种重要途径，教师培训得到国家和社会各界的重视和支持。目前，教师培训主要体现为"国家示范引领，地方主导统筹、区县核心发力、各校积极支持、教师人人参与"的样态，但从培训方式来看，课堂培训依然是主渠道。随着教师专业素养的不断提高，课堂培训效果的针对性、有效性问题日益凸显。为此，教师培训开始走向现场，大量教师校本培训出现。

（二）学位进修

学位进修主要包括通过学习进行本科学位的自考与函授以及获取信息技术教育等学科的研究生学位等。

（三）短期培训

短期培训是各高等院校、教研部门等组织常采用的培训形式。例如，政府部门组织的骨干教师培训。

传统的说教和照本宣科永远比不过现代的科学教育，现代的基础教育是普及式的，然而学生来源千差万别，要取得进步并非易事，全面提高教学质量难度更大。认清这一现实后，我们要加强教师培训，不断提升师资力量和办学水平，引领教师队伍专业化发展，同时还要重视师资培训的后期管理。

（四）自发研修

自发研修的形式具体包括以下几点：第一，订阅教育技术和信息技术教育方面的相关书籍和杂志；第二，积极参加网络论坛的专题讨论，借鉴经验；第三，积极参加各种研讨会，与一些成功人士进行交流与沟通。

八、教师要完成自身的转变

要提升教师的信息技术素养，最重要的是要靠教师自身不断的努力，具体应做到以下几点。

第一，更新教育观念。教师要勇于打破传统观念，解放思想，突破传统的教育模式和思维方式，树立新型的教育理念，充分认识到信息技术在现代教学中的重要性。

第二，教师在教学中应将传统的封闭式、单一化教育转变为开放式、多元化的教育。

第三，教师应将简单地向学生传播知识转变为引导学生进行自学。

第四，由终结性教育转变为终身性教育，教师必须不断学习，抓紧一切机会学习，把终身学习当成自己的生存前提，要与时俱进，不断更新自己的知识。

第五，教师应将整齐划一的课堂教育转变为针对学生个性差异开展的教育。

第六，在进行信息化教学时，教学手段要由静态的物质载体转变为多功能的动态多媒体。

第七，教学模式由课堂讲授式向协同式学习转变，但在这个过程中要避免全盘舍弃的倾向，要将信息观念与已有的教育观念相融合，逐步确立信息时代教育的新意识、新观念。

近年来，我国信息技术教育取得的可喜成就已经得到了世界教育界的关注。由于中央与地方政府的高度重视与资金上的大量投入，许多发达地区在信息技术教育基础设施建设、实践与研究水平上已经达到了一定的高度，远程教育和电子学习模式正在为越来越多的人所接受。硬件设施的完善、软件环境的逐渐配套以及技术的快速更新对信息技术师资的质量要求相应地在不断提高，高效的教师职前与职后培训是培养信息技术师资的关键。

在世界各国都在加紧实施教育强国战略的今天，为了少走弯路，我们可以借鉴发达国家的一些成功经验。诚然，因为文化背景、经济发展状况及其他方面的原因，我国的信息技术教育不可能与任何一个国家相同。在吸取经验并灵活运用的同时，我们也要及时总结教训，在加速发展适合我国国情的信息技术教育道路上走出既快又稳的步伐。

第七章　现代教育信息化的发展趋势和战略

随着信息化时代的到来，建设智能化校园，统筹建设一体化智能化教学、管理与服务平台成为当前建设一流学校的重要任务。为了实现教育信息化，学校除了加速建设"互联网+教育"大平台、积极发展基于互联网的教育服务新模式，还需要探索教育管理信息化的新模式。本章分为现代教育信息化的发展趋势和现代教育信息化的发展战略两部分，主要内容包括传统教育模式的变革、教育理念的转变、教学内容的改变、教学媒体的变革等方面。

第一节　现代教育信息化的发展趋势

1945年，在美国产生了第一台全自动电子数字计算机"埃尼阿克"（Electronic Numerical Integrator and Calculator，ENIAC）。第一台电子计算机体积为3000立方英尺，占地170平方米，重30吨，是一个名副其实的"庞然大物"。但ENIAC的问世具有划时代的意义，表明计算机时代的到来，在以后的几十年里，计算机技术发展异常迅速。有专家认为，在人类科技史上还没有一种学科的发展速度可以与电子计算机的发展速度相提并论。

信息技术的发展引起了人类社会全面而深刻的变革，促进了社会的进步，使人类社会由工业社会迈向信息社会。在信息社会，几千年来形成的信息传递方式、人际沟通方式和社会管理组织方式等诸多方面都发生了极大的变化，并深刻地影响着社会经济生活的运行和民主政治建设的发展。信息资源已经成为与物质资源同等重要的资源。信息高速、广泛传送的特点，使世界形成了一个没有边界的信息空间。随着知识创新和技术创新的不断推进，物质生产与知识生产相结合，硬件制造与软件制造相结合，传统经济与信息网络技术相结合，形成推动21世纪经济和社会发展的强大动力。

有专家认为，1950年，人类的知识总量翻一番用了50年；到2020年，人类的知识总量翻一番只需要73天。人类社会信息总量猛增，计算机功不可没。21世纪是信息化的世纪，信息是政治、经济、文化、意识形态、价值观的载体。在信息时代，信息已成为重要的战略资源，信息产业成为国家的支柱产业，信息安全成为最重要的安全因素，信息网络成为国家重要的战略基础设施。

教育信息化是一个循序渐进、不断发展的过程。早在20世纪30年代，电化教育这个名词在我国出现，教育界开始尝试结合传统教育媒体与投影、幻灯、录音、录像、计算机等现代化的教育媒体传递教育信息。信息化教育是我国电化教育发展的新形态。电化教育的前期发展也为信息化教育的发展奠定了坚实的基础。

信息化教育的时代已经来临，大力推进信息化教育不仅是社会发展的需要，更是学校发展和师生发展的需要。教育必须通过信息化来实现教育现代化。信息化技术在教育中的角色发生了转变，从学习对象转变为学习工具；从传递教学信息的媒体转变为学习的资源和环境。借助信息化教育技术，引进先进的教育理念、教育资源、教育手段；提高教师素质，提高课堂效率，提高教育质量；拓宽学生视野，增强学生适应未来的能力：这是教育发展的必然趋势。

一、传统教育模式的变革

基于现代信息技术产生了许多新的教育模式，传统的以课堂和教师为中心的"面对面"的教育模式受到全面挑战。这些新产生的教育模式大都秉持这样一种理念：更强调以学生为中心，更强调灵活性与方便性，更强调学习的主动性，等等。但它的缺点也显而易见：缺少面对面的交流，完全陌生的学习环境，容易造成学习上的困难，等等。因此，未来的教育模式应该是传统教学模式和应新信息技术而生的新教学模式并存。目前已提出的并且在现实中已经运用的各式各样的基于网络的新教育模式主要有e-学习（e-leaning）、e-学院（e-college）、e-大学（e-university）、e-学位（e-degree）等。这些模式在现代教育中日益发挥更大的作用，但是这些模式如何相互结合，进而实现优势互补、相辅相成，是促进教育信息化发展的重要研究方向。

教育信息化使以教师为中心、面对面、"黑板+粉笔"为主导的正规教育里的传统教学模式受到很大的冲击。首先，信息技术进入传统的课堂，多媒体、网络等新技术手段取代了"黑板+粉笔"的形式，使课堂教学更加生动、有效。除此之外，教育信息化还带来大量网络教学的新模式，如网站教学、视频会议式互动教学、网络辅助教学、资源型学习、兴趣学习、互动学习等。这些新的教学模式与传统的教学模式相比，不仅形式新颖，还引进了许多新的教学理念，如强调以学生为中心、更加注重发挥学生的主动性。信息化不仅从各个方面影响了学校的正规教育，同时使函授、业余教育等传统的远程教育，无论从内容上还是从形式上都发生了巨大的改变。基于网络的现代远程教育正在对普及各个层次教育、提高国民素质以及实现终身学习等方面产生重大的影响。

教育模式变革的重要特征之一在于课堂环境的变化。软硬件的投入、使用是实现教育信息化的重要基础和前提。课堂环境影响教师的教学模式、学生的课堂参与。

使用Office软件进行备课、上课已经是多数教师习以为常的行为。多媒体辅助教学也早已进入课堂，越来越多的智慧教室在各地不断出现。我们充满智慧的教师群体，甚至能将微信、弹幕这些贴近生活的小工具利用到课堂当中，碰撞出有趣的火花。

黑板、粉笔、教师讲课学生听课是传统课堂环境的典型特征。教师在课堂中与学生面对面地交流互动，是典型也是非常重要的师生互动方式。但是不少教师会遇到这样的问题：学生的课堂作品难以及时分享；课堂时间有限，教师只能请少数几位学生发言，部分学生有自己的想法，但是不敢发言，大部分学生的思考可能因此被埋没，教师也无法了解所有学生的情况。

提高课堂互动性，也是信息化教育教学工具的优势。虽然课堂交流对于教学具有重要意义，但目前在课堂教学中存在较大问题，半数以上学生反映在课堂中不喜欢与教师对话交流。教育信息化技术可以用于促进课堂教学中的师生互动，促进学生的学习积极性。

个性化教学是现代教育发展的趋势之一。"因材施教"的教育理念自古以来就受到关注。每个学生都有不同的学习习惯，知识的掌握情况也不同。因此，对所有学生采用统一的教育方式显然无法满足学生的个性化学习需求。但是，为不同学生提供不同的教育对于教师来说也是个难题。为了满足个性化教学要求，一方面，教师需要了解不同的学生。观察、评价学生是教师工作的重要部分，但是，对于部分教师来说，即使有三头六臂，也难以挤出时间对每个学生的大量行为进行记录、分析。另一方面，个性化教学的关键是教师根据对学生的了解提供有针对性的教学方案。巨大的工作量与有限的时间相矛盾，教师即使能够认同因材施教理念，然而实施起来却是心有余而力不足。

教育信息化希望将信息技术与教育融合，解决教师教育教学过程中的困难。教育信息化同样可以为个性化教学方式提供有力支持。针对教师难以全面了解学生的问题，在使用数字化平台或者在智慧学习环境中，学生的各类行为数据可以被记录，学生的习惯、特征、状态、进展等信息也会被自动生成。这些反馈数据是教师根据学生个性提供有针对性的教学的基础。

传统教学过程中，教师多通过课本、板书或者有限的实物、模型传递知识，教学资源的丰富性和有效性都难以保障。现如今，多媒体教学早已经走入许多教师的日常，教师可以恰当地运用多媒体手段，如图片、音频、视频等媒介使教学内容更为具体化、形象化，调动学生的多种感官，更有效地传达信息，同时激发学生的学习兴趣。

教育游戏是在现代教育理论和学习理论的指导下，能够培养学习者认知能力和策略、形成学习情感的具有教育意义的游戏。它通过趣味性、竞争性、参与性促进学习者学习科学文化知识，形成能力，最终达到教育目的。游戏化的教学方式围绕明确的教学目标，以游戏化的形式呈现。游戏化的教学方式有以下优点：第一，体验真实。创设了丰富的环境，将学生置于与实际相关的场景当中，将知识与实际应用相结合。课堂教学不再是说教，而是转变为学生在虚拟场景或实际场景中的真实体验。第二，寓学于乐。以游戏的形式进行学习，更具趣味性，能够调动学生参与学习的积极性。学习、练习不再只是面对着繁多抽象的题目，使抽象、枯燥的内容变得有趣。第三，形象生动。相对于传统课本中平面静态的画面，游戏中的场景更为形象生动，通过丰富生动的画面或者实物的运作，能更好地吸引学生的注意力。

二、教育理念的转变

信息革命给传统教育思想带来巨大的冲击，那么未来学校的任务和功能是什么？我们需要从以下几个问题进行思考。如何消除教育界的"数字鸿沟"？教育信息化是否可以给落后地区、弱势群体带来更多的和同等的教育机会？教师在未来教育中的作用是怎样的？新的教与学的关系是怎样的？学校的正规教育与面向社会的大众教育、精英教育与普及教育、学历教育与终身学习的关系是什么？等等。理顺这些问题，就可明确未来学校的任务和功能。这些问题都指向教育思想观念的转变。现代信息技术的发展从思想层面重构着现实生活的各个方面，教育领域也不例外。

三、教学内容的改变

教育信息化同样可以帮助优化教学内容。教育信息技术可以突破教学资源来源及组织形式上的局限，为实现创新精神培养等新的教学目标提供支持。教育信息化对教学内容的影响体现在教学内容的丰富性、先进性、针对性以及培养目标实现等方面。

（一）教学内容更加丰富、全面

教育信息化可以打破资源之间的封闭状态与地域限制，提供一个信息丰富、知识全面的学习环境。教材不再是学习内容和知识的唯一来源。利用互联网，教师可以通过电子书籍、软件等多种方式获取丰富的资源，根据教学目标对现有资源进行加工、整理、重组，从而为学生提供更加丰富、全面的教学内容。教学内容的全面不但体现在信息含量的丰富上，同时还体现在对信息的全面感知上。基于信息技术，教师可以综合使用文字、图像、声音、动画、视频、实际操作等多种方式直观、生动地展示枯燥的理论知识，帮助学生全方位了解学习对象，帮助教师将书本以外的知识带入课堂。

（二）教学内容更先进、更有针对性

当今世界的发展速度远远超过传统教学内容的更新速度。传统的纸质教材具有系统性等优点，但是更新周期较长，且内容有限。在信息技术出现以前，教师也无法通过信息化渠道及时获得丰富的资源。传统的教学观念、教材形式不利于教师为学生提供先进的、有针对性的教学内容。而教育信息化带来的教学环境、教学信息处理方式、教材形式的变化，为教学内容及时更新提供了支持。

一方面，在信息技术的支持下，教师可以围绕教学目标及时获取相关知识的最新进展、最新案例，以多种形式为学生补充新的教学内容。在技术支持下，教师可以更灵活、便捷地获取教学资源。区别于传统教学内容固定、统一

的特点，教师可以根据自己学生的情况选择、组织、整合教学资源，提供更有针对性的教学内容。

另一方面，信息化使教材、教学资源形式变得多样化，加快了教学资源的更新速度。例如，教师通过专业工具甚至手机就可以快速录制视频，调整、补充教学内容。

（三）教学内容更注重培养创新精神、创造能力

教育信息化有助于激发学生的创新精神，发挥创新能力，为实现培养学生创新精神、创造能力的教学目标提供了支持。教育信息化使教学内容更加注重培养学生的创新精神与创造能力。教育信息化为教学提供了丰富的教学资源，需要具备良好的信息获取能力，才能利用好这些资源。教师自身要养成学习的能力，同时，除了教授学生相关的知识之外，教师还应教授学生养成获取信息的能力。教育信息技术拉近了学生与世界的距离，学生可以更快速地获取大量资源，借鉴前人经验，与同伴沟通研究，从而获得更多创新创造的机会。多个领域、类型信息的接受、融合更有助于激发学生的创新思维。此外，借助信息化工具，学生能够更好地进行实践操作，发挥其创造能力。

四、教学媒体的变革

在传统的教学中，教师仅仅依靠课本、粉笔、黑板进行教学。多媒体技术出现以后，教师也只是播放简单的幻灯片进行教学，教学媒体较为单一。

教育信息化发展以来，教学媒体逐渐丰富起来。根据不同的标准，媒体的分类方法也多种多样。按技术特性来分，有电光投影媒体、电声录音媒体、电视录像媒体、电算智能媒体及电讯传播媒体；按信息传播方向来分，可分为单向传播媒体、双向传播媒体；按信息的呈现形态、媒体对受信者感官功能刺激、交互性来分，可分为视觉媒体、听觉媒体、视听觉媒体、交互媒体、多媒体教学系统等类型，下面对这几种媒体进行简单介绍。

（一）视觉媒体

视觉媒体指发出的信息主要作用于人的视觉器官的媒体。它包括投影媒体和非投影媒体。非投影视觉媒体包括粉笔、黑板、印刷材料（书籍、讲义、打印或书写的资料）、图片、图示和图解材料、实物与模型教具；投影视觉媒

体包括幻灯片、投影片、实物投影（又称视频展台、实物展示台）等。视觉媒体能营造氛围，烘托气氛，调动情感参与，材料丰富易制，可控性强。但语言的表现抽象性强，难定合适的步调，是以时间线索的固定顺序来表现信息的。

（二）听觉媒体

听觉媒体是指发出的信息主要作用于人的听觉器官的媒体。听觉媒体包括卫星广播、录音笔/机、CD及CD唱机传声器与扬声器、语言实验室（有听音型、听说型、听说对比型和视听型四种类型）。传声器，俗称话筒、麦克风（Microphone）、微音器，是一种将声信号转换为电信号的能量转换器件。传声器的好坏将直接影响声音的质量。扬声器是一种把电信号转变为声信号的换能器件，扬声器的性能优劣对音质的好坏影响很大。听觉媒体善于提供静止、放大的视觉画面，利于学生观察事物的细节，能突出事物的外部形态及特征，可辅助创设问题情境，材料丰富易制，可控性强，但难于表现连续运动变化的过程。

（三）视听觉媒体

视听觉媒体是指发出的信息同时作用于人的视觉器官和听觉器官的媒体。视听觉媒体集视觉媒体和听觉媒体的功能于一身，表现手法丰富多样，不受时空限制。通过有声的、活动的视觉图像生动、直观地传递教育教学信息，易于引起学习者的注意力和兴趣，有利于提高教学效率和效果。视听觉媒体可分为电影、电视、摄录像机等。视听觉媒体善于呈现连续的视听觉信息，有利于展示事物发展的全过程，有利于呈现标准的运动和动作规范，便于模仿；能看到实验中不能直接看到的事物，表现力强，容易调动学生的兴趣，有利于建立共同经验。但是教材制作周期较长，对制作技术有一定的要求，且为单向传播媒体，画面元素较多，学生不容易集中注意力在教师想重点表达的内容上。

（四）交互媒体

交互媒体是指能够在媒体与人之间构建起信息传递的双向通道，使双方能够相互作用、相互影响的媒体，包括教学模拟机、教学游戏机、CAI系统等。常见的交互媒体有程序教学媒体和计算机媒体。由于计算机媒体的交互性能强大，所以在教学中被广泛应用。它可以存储丰富的教学信息，而且能够快速地进行处理、检索和提取，提高师生对学习资源的利用效率；能呈现多种信息形态，动静结合，表现力强，交互性水平较高，能创设学生进行自主学习的环境，有利于调动学生参与课堂的积极性；可以有效激发学生的学习动机，保持学习积极性；可以记录和分析学生进步的情况，并利用这些信息来调整教学，及时满足学习者的需要；能实现异地的实时交互，内容设计方式便于学生发挥联想、跳跃式的思维，能创设逼真的环境，适用于各种学习方式。不过此类媒体成本高，设备更新快，容易造成使用与维护的困难；适合教学用的软件太少，且质量有待提高，这需要投入很多的人力、智力、财力和时间；较难实现大部分的情感、动作技能、交流技能方面的教学目标；操作技能需通过培训才能掌握，系统维护工作量大。

（五）多媒体教学系统

多媒体教学系统是多种媒体组合在一起开展教与学的活动的系统。多媒体教学系统可以从狭义和广义上分类。从狭义上讲，多媒体教学系统就是拥有多媒体功能的计算机教学系统；从广义上讲，多媒体教学系统就是集电话、电视、投影、计算机、网络等于一体的多种媒体综合化教学系统。多媒体教学系统具有多种特性：直观性，能突破视觉的限制，多角度地观察对象，并能够突出要点，有助于概念的理解和方法的掌握；生动性，图文声像并茂，能多角度调动学生的情绪、注意力和兴趣；动态性，有利于反映概念及过程，能有效地突破教学难点；交互性，学生有更多的参与机会，学习主动性更强，并通过创造反思的环境，有利于学生形成新的认知结构；扩展性，通过多媒体实验实现了对普通实验的扩充，并通过对真实情境的再现和模拟培养学生的探索、创造能力；可重复性，有利于突破教学中的难点，并克服遗忘的缺点；有针对性，使针对不同层次学生进行教学成为可能；大信息量、大容量性，节约了空间和时间，提高了教学效率。但过多依赖多媒体教学会使师生之间失去互动性，难以发挥教师在课堂上的主导作用和学生的主体作用；多媒体教学信息量大、节奏快，难免重点不突出；劣质多媒体课件和不必要课件的产生易使学生产生大脑疲劳而达不到预期的教学效果；以计算机为中心，教师手不离鼠标，学生眼不离屏幕，不利于师生的身体健康。

五、数字教育资源共享

教育资源是指能够支持教育教学活动顺利开展的各种条件的总和，包括教育环境资源、教育人力资源和教育信息资源等。数字教育资源主要是指经过数字化处理，可以在多媒体计算机及网络环境下运行的教育信息资源，是对教学素材、多媒体课件、主题学习资源包、电子书、专题网站等各类与教育教学内容相关的数字化信息资源的统称。

数字教育资源除具备一般教育信息资源的特点外，还具有处理技术数字化、呈现方式多样化、传输方式网络化、更新速度实时化、检索方式智能化的特点。

（一）处理技术数字化

数字化处理技术将声音、文本、图形、图像、动画等音视频信号经过转换器抽样量化，使其由模拟信号转换成数字信号。数字信号的可靠性远比模拟信号强，对它进行纠错处理也容易实现。经过数字化处理的信息资源在编辑、转换、传输和保存等方面为使用者提供了更大的便利。

（二）呈现方式多样化

与传统的纯文字或图片处理信息的方式相比，利用多媒体计算机技术存储、传输、处理多种媒体形成的教学资源更加丰富多彩。

（三）传输方式网络化

经过数字化处理的教育资源可以通过网络实现快速远程传输，学习者可以在异地任何一台能上网的计算机上获取自己需要的信息资源，显著增强了教育信息资源获取的开放性。

（四）更新速度实时化

数字教育资源采取了数字化处理方式，使人们对原有资源进行结构调整和内容增删变得非常容易；此外，由于数字教育资源通过互联网或电子光盘等形式传输，使得信息的更新速度与传统出版方式相比显著提高，几乎实现了信息的实时更新。

（五）检索方式智能化

数字教育资源采取数字化处理技术对各类教育信息资源进行了统一的处理和存储，结合现有多媒体数据库技术和搜索引擎技术可以快速、准确地检索到有效的教育资源。还可以利用智能代理技术实现专题资源的动态检索和推送，使资源的获取变得十分容易。

教育信息化提供的另一个重要机遇是数字教育资源的共享与利用,这一点也将全面而深刻地改变我国整个教育的面貌。特别是自20世纪因特网出现以后,教育资源共享已经实现国际化,我们更要顺应这个历史潮流。从教学的角度看,通过网络资源共享,我们有可能享用最先进的教学内容和教学方法,真正实现国际化的远程教学。网络技术发展使教学资源共享得以实现,我们有望在较短的时间里缩短我国与先进国家的差距,同时也能够缩短我国东西部地区间的差距。对于高等教育来说,数字图书馆、虚拟实验室、电子资源库等多种平台的运用,以及各种资源的共享,将把高校及科研院所的科学研究结合起来,促进对本科生及硕士生和博士生等高层次人才的培养,可以较快地缩短我国与发达国家的差距。因此,数字教育资源的建设与利用是我国高校信息化面临的重要课题。

根据《教育资源建设技术规范(征求意见稿)》,目前常见的信息化教学资源主要包括八类,分别是媒体素材、题库、课件与网络课件、案例、文献资料、网络课程、常见问题解答和资源目录索引。另外,还可根据实际需求增加其他类型的资源,如电子图书、工具软件和影片等。

媒体素材是传播教学信息的基本材料单元,可分为五大类:文本类素材、图形/图像类素材、音频类素材、视频类素材、动画类素材。题库是按照一定的教育测量理论,在计算机系统中实现的某个学科题目的集合,是在数学模型基础上建立起来的教育测量工具。课件与网络课件是对一个或几个知识点实施相对完整教学的用于教育、教学的软件,根据运行平台划分,可分为网络版的课件和单机运行的课件。网络版的课件需要在标准浏览器中运行,并且能通过网络教学环境被大家共享。单机运行的课件可通过网络下载后在本地计算机上运行。案例是指有现实指导意义和教学意义的代表性的事件或现象。文献资料是指教育方面的政策、法规、条例、规章制度,对重大事件的记录、重要文章、书籍等。网络课程就是通过网络表现的某门学科的教学内容及实施的教学活动的总和,是信息时代条件下课程新的表现形式。它包括按一定的教学目标、教学策略组织起来的教学内容和网络教学支撑环境。其中网络教学支撑环境特指支持网络教学的软件工具、教学资源以及在网络教学平台上实施的教学活动。网络课程具有交互性、共享性、开放性、协作性和自主性等基本特征。常见问题解答是针对某一具体领域最常出现的问题给出全面的解答。资源目录索引是指列出某一领域中相关的网络资源地址链接和非网络资源的索引。教学资源的检索方法是多种多样的,可以通过工具书籍（如中文报刊索引）、文献索引、教学资源的专用检索工具、搜索引擎（网页、网站）、大型数据库软件、网上资源库、ERIC与中国期刊网数字化图书馆等各种不同的方式来检索不同类型的资源。不同类型的资源具有不同的教学功能，见表7-1。

表7-1 不同类型资源的教学功能表

主题资源	教学功能
知识类	具有存储知识、传递和交流信息的功能，为学生提供与单元学习主题相关的基本知识与拓展学习等支持材料
工具类	与主题相关的软件和学习工具的支持材料，还包含该单元的学习计划模板、课程设计模板等，便于学生学习
案例类	教学案例和学生作品可以为学生自主学习、合作学习、研究性学习和探索性学习提供开放性的学习案例，提高学生识别、分析和解决某一具体问题的能力
评估类	不仅方便教师在教学的各个环节检测学生的学习情况，也为学生的学习指明方向，并且具有开放性
素材类	数字化资源元素，包括图、文、视频、音频等单元学习支持材料，模拟或重现事物发展的真实过程，激发学生的学习兴趣，辅助教学

教学资源必须与具体的学习过程结合起来，才具有现实的教学意义。因此，我们要转变资源的传统、静态观念，把注意力转移到动态可生成的人力资源上，发展人的个人属性及社会属性，努力提高我国教育教学的质量。

六、教育管理模式改革

信息化不仅影响学校的教学与科研活动，引起传统教学、科研的巨大变化，同时也会对学校现行的运行体系与管理机制提出挑战，推动它们的变革。推动这种变革的动力来自两个方面：一个是信息化带来传统教学、科研模式的变化，需要新的管理机制；另一个是以信息技术为手段的校务管理也需要新的机制，即需要一个虚拟的数字化校园来支撑。虚拟数字校园的基础建设也是学校信息化建设的重要组成部分。

各学校应制定基础信息管理要求，加快学校管理信息化进程，促进学校管理标准化、规范化。政府要推进教育管理信息化，积累基础资料，掌握总体状况，加强动态监测，提高管理效率。同时要整合各级各类教育管理资源，搭建国家教育管理公共服务平台，为宏观决策提供科学依据，为社会公众提供公共教育信息，不断提高教育管理现代化水平。

七、教育技术的变革

信息技术的发展促进了教育信息化的发展，并起到了加速的作用。在信息技术和网络普及的时代，教育也随着社会和新兴媒体的出现而发生变革，教育媒体、教育观念和教育形式等方面都在发生变化，教育技术已全面地渗透到教育的各个领域，并成为人类获取知识的基本手段和方式。当然，现代教育技术也发生了巨大的变化，其正沿着普及化、网络化、智能化、虚拟化和系统化的方向发展。

（一）教育技术应用普及化

在信息技术飞速发展的21世纪，以教育信息化推动教育高质量发展，以教育信息化引领教育现代化，是教育发展的新趋势。现代教育技术的普及与均衡，将是未来教育中不可缺少的部分。在我国部分地区，教师的教育技术总体素质较为落后，教师队伍的素质有待提高，教师的教育技术能力有待加强，现代教育对教育者也提出了必须应用现代化教育技术的要求，因此我们必须要加快教育技术普及与均衡的步伐。

（二）教育知识传播网络化

从古至今，信息的交流都非常重要，经历了从远古时代的肢体语言交流到古代鸿雁、飞鸽、烽火、驿站的信息传播再到现在以互联网为主要载体的信息传播过程。随着信息技术的发展，教育信息的传播方式也紧跟其步伐向网络化方向发展。网上无国界，与互联网连接的主机都是平等的，互联网打破了地域的界限，具有极为广泛的传播面。

（三）教育软件智能化

人工智能（Artificial Intelligence，AI）是20世纪50年代中期兴起的一门新兴边缘科学，是计算机科学的一个分支，是研究、开发用于模拟、延伸和扩展人的智能的理论、方法、技术及应用系统的一门新的技术科学。人工智能技术在教育软件中广泛应用，能极大增加教育软件的内容，并提高教育软件的教育能力。人工智能技术可以改变教育软件的交互模式，大大提高教育软件的综合能力，使软件智能化、人性化，以满足教学中的各种交互需求。人工智能的记忆学习、逻辑推理和归纳能力，使软件能根据学生对某些问题的回答，准确地对学生在该领域知识的学习做出详细的分析、评价，能及时发现学生的一些问题，并及时提供反馈。

（四）教育环境虚拟化

虚拟现实（Virtual Reality，简称VR，又译作灵境、幻真）是近年来出现的高新技术，也称灵境技术或人工环境。虚拟现实是利用计算机模拟产生一个三维空间的虚拟世界，提供给使用者关于视觉、听觉、触觉等感官的模拟，让使用者如同身临其境一般，可以及时、没有限制地观察三维空间内的事物。

虚拟现实技术应用于教育教学中，能模拟很多的虚拟场景，营造亦幻亦真的课堂情境，且内容丰富多彩，能吸引学生的注意力，并能起到拓宽思维的作用，在这种教学环境下，学生的学习积极性能得到很大提高，产生很好的教学效果。

总之，在未来教育技术学科发展过程中，教育技术作为交叉学科的特点将日益突出，学校将更重视教育技术实践性和支持性研究，更重视学习活动的设计与支持。

八、评价方式的变革

实施教育评价是开展有效教育教学决策的重要基础，而有效的教育评价依赖于全面的、可靠的评价依据。说到学生评价，人们最先想到的可能还是学科书面考试、教师评语、学生档案填写等传统方式。然而，随着学生评价方式的逐渐变革，过程性评价、学生综合能力评价等新的评价理念越来越受到重视，传统的学生评价方式的弊端越来越明显。美国新媒体联盟在2017年预测了技术融入教育之中将出现的六项趋势，日益受到重视的学习测量就是其中之一。伴随着教育信息化的发展，教育领域越来越重视利用学习管理系统、信息服务平台等获取学生数据，并积极思考如何多维度利用数据了解学生的行为学习需求，从而在此基础上有针对性地调整教育教学工作方式。对比传统评价方式与基于信息技术的评价方式，可以发现以下特点与变化。

（一）单一评价对比综合评价

传统评价方式目标单一。学校将目光聚集在学生的学科成绩上，过度关注学科考试的成绩，而忽略学生的综合发展。传统的考试后得到一个数据或是一个等级评价，不但不能全面反映一个学生的能力，更是"唯分数论"的来源之一。一方面，这种以分数为中心的评价方式受到传统的教育理念的影响；另一方面，在技术缺失的情况下，学生社会实践、道德品质、艺术修养的状况，难以通过方便、可靠的方式记录，而成绩可以通过数据呈现出来。反过来，在信息技术助推综合评价情形下，能实现教育理念的转变。

（二）阶段评价对比过程评价

传统评价多为阶段性的。过程性评价关注学生的学习过程。学生的学习习惯、学习方式并不是最终学习结果。了解学生的学习过程能够帮助学生逐渐找到正确的学习方法，选择适合自己的学习策略，能够有效提高学生的学习效率。过程性评价与阶段性评价的有机结合对于全面、公正地评价学生具有重要意义。

但是，在没有技术基础之前，对学生学习、生活过程进行评价困难重重。过程性评价关注评价内容的全面化，在评价项目、工具设计、流程安排实施、结果使用等方面都存在一定的困难。在评价项目上，选择学生的哪些行为进行观察记录呢？教师视野以外或是无法观察的学生表现如何被关注？在工具设计上，传统的存档、以表格的形式呈现评价体系进行打分，是不是让教师马上想到电脑中又要多出许多表格文件需要应付？流程安排、工作量分配应该是教师最为关注的了。这时候出现的问题就更多了，学生多，教师少，面对那么多的学生，教师不可能有时间一个个进行观察评价。即使评价得以开展，在巨大的工作量压力下，教师也难以做到保质保量，只能疲于应付。而在无法确保评价结果真实准确的情况下，评价结果的使用更是无从谈起。

未来的评价并不会只突出"评"的功能，更多的是一种个性化的分析。在海量的数据当中，每个人能够发现自己成长过程的独特之处，也能够通过与数据常模的比较，找到自己真正的特长与弱势，从而对自己形成客观的认识。另外，这些数据也可以为学校服务。通过学生的发展状况，我们可以评估一所学校的办学水平，为其合理规划提出科学的建议。

第二节　现代教育信息化的发展战略

一、及时更新教育观念

教育现代化首先是教育观念的现代化，任何体制创新、制度创新都取决于观念更新。因此，促进广大教育工作者转变观念是教育信息化的首要任务。观念问题已经成为制约我国教育信息化快速发展的主要障碍，面对快速发展的信息化浪潮，无论教育主管部门领导，还是校长、教师、学生，都应在教育观念上进行革新。

教育信息化的过程不能简单地认为是信息技术的引入过程，不能简单地等同于计算机化或网络化。教育信息化的过程是教育思想、教育观念转变的过程，是以信息的观点对知识传授过程进行系统分析、认识的过程。只有在这样的基础上指导信息技术在教育领域的应用，才是我们所需要的教育信息化。

我国教育信息化的基础设施建设已经初具规模，特别是经济比较发达地区的教育信息化的基础设施建设相对比较完备，但也普遍存在着"重建设、轻应用"的现象。对教师的培训、内部资源配置、应用平台的建设等重视程度不够，这就要求各级教育行政部门要加强领导和协调，深刻认识信息社会给教育带来的巨大影响，及早设立教育信息化的统筹规划和管理部门。同时也要求学校领导转变观念，不能认为教育信息化是可有可无、可早可晚的。学校领导要积极引导，为教育信息化创造必要的条件，加强教师培训，鼓励教师利用现有设施，充分应用信息化手段进行教学和科研工作。

具有信息时代教育观念的教师，应从传统意义上的知识的传授者转变为学习的组织者和协调者，即对学生的学习活动进行指导、计划、组织和协调，注重培养学生自我学习及获取信息和知识的能力。过去培养学生自我学习的能力强调利用好两个工具，即字典和图书馆。今后要增加一个工具——网络，而且应更多地强调通过网络学习。

对学生而言，教育信息化肯定不能等同于简单的计算机加互联网的概念，学生应在教师的指导下，将互联网变成自觉学习、自我发现、自主探索的工具。这里就有一个观念问题，不能仅认为只有进入课堂才是学习、只有教师讲的才是知识、只有考分才说明能力，要全面、正确地理解教育信息化。

二、加强教育信息化教师队伍建设

在信息化建设过程中，不仅要重视硬件建设，更要在教学过程中利用现代技术设备提高教学的效率。当前，传统的以知识为中心、以教师为中心的传授型教学结构仍占主导地位，虽然多媒体计算机、计算机网络、多媒体投影仪等新技术设备逐渐进入课堂，但能熟练应用这些设备的教师比例仅占10%左右，很多教师对新型教育结构和模式知之不多。因此，教师队伍建设是教育信息化建设的重点。

教育信息化首先是人的信息化，因此师资队伍培训就成为教育信息化的首要任务。互联网给教育带来的巨大变化之一就是，人人是教师，人人是学生。从此以后，在教与学的诉求对象上不再有严格的界限，只要你有真知灼见，无论你处于什么样的社会地位，都可以做老师。学习的形式也不再局限于授课、学习、交作业、考试等。可以是听讲，可以是讨论，可以是辩论，可以是协作。不过要达到这样的目标，就必须依赖互联网提供的学习平台与工具。

教育信息化首先要以计算机的普及教育和计算机辅助教学为重点，致力于培养教师和学生应用计算机等信息技术的能力，以提高教育的质量和效益。在实施信息化的过程中，要把师资队伍培训作为重点，放在重要位置。同时要注意纠正重硬件、轻软件的倾向。

师资队伍培训是实施教育信息化工程的重中之重，拥有大批掌握并能应用现代信息技术的教师是推动教育信息化的关键。其作用主要有二：一是教师把信息化技术渗透到日常工作中，用信息化手段进行教学活动，提高教学效益；二是教会学生使用先进的信息化手段学习，并启发他们利用这种先进的技术深入学习的各个方面。因此，首先要对学校教师、技术与管理及行政人员进行不同层次的全员培训，注重提高教师实际操作计算机的水平，培养教师自己设计制作课件的能力及信息搜索能力。只有教师把互联网技术渗透到日常教学中，才能全面体现教育信息化。

在一定层面上讲，首先要对教师进行教育观念转变及心理疏导方面的培训，使他们真正认识到教育信息化对国家、对学生、对教师职业的积极意义。其次要对全体教师进行计算机操作能力的全员培训，使每位教师都能进行单机教学和网络教学。在国家层面，则需要把掌握计算机的基本操作作为现代合格教师的强制性标准。

三、完善网络教学系统

（一）教学平台建设

什么是教学平台？传统的黑板加粉笔的教学手段已无法适应当前大信息量的教学内容需求，虽然各高校纷纷设立了多媒体教室，但是独立的多媒体教室并没有充分利用网络资源，仍然不能摆脱以教师讲课为主的学习模式。为适应社会经济和科技发展对高素质创造型人才的需求，必须创造一个在教师指导下的学生自主式学习的环境。

当今，通信、网络和计算机技术的发展为教育发展提供了技术支持，迅猛发展的现代教育技术提供了教学模式改革所必需的技术手段，这种新的技术手段就是网络教学平台。从广义上讲，网络教学平台是指将网络技术作为构成新型学习环境的有机因素，充分体现学习者的主体地位。不管哪种定义，网络教学平台不排斥传统的教学方式，它的教学活动组织要在传统的课堂、网络等方面同时展开。网络教学平台的发展其意义在于能够打破封闭的教育环境，进而建立一种开放的教学与学习环境。它改变了那种以教师为中心的教育观念，实现了以学生为中心，使教学成为在教师引导下交互式的双向活动。教师的角色由原来处于中心地位的知识的解说员、传授者转变为学生学习的指导者、帮助者、促进者。学生的学习方式在网络环境下摆脱了传统教学中以教师、教材、课堂为主要渠道接受知识的模式，学生可以在多元化的学习环境中获取更多更有用的知识。

高校可利用传媒与通信技术构建网络教学平台，开展网络教学活动，要有开路电视远程教育系统，Internet教育系统，以卫星传输为主、互联网传输为辅的教育系统，双向HFC有线电视网络现代远程教育系统，视频会议系统等多种形式。

（二）教学资源库建设

教学资源是指支持教学的相关资源，大致分为教材、支持系统和环境，甚至涵盖一切有助于教学活动的任何事物。

教学资源数据库是教学资源库的核心。它分为三个层次，最底层是媒体素材库及索引库，在此基础上，还有积件库、课件库、题库、案例库及相应的索引库，最上层是网络课程库和索引库。

教师将自己的教学经验和学生的学习过程（如学生的电子作品集、教师和学生的讨论过程）充实到资源库中，这些内容可以随着时间的推移不断地更新，进而使得资源库不断更新，建设成有特色的、个性化的、动态的教学资源库。

（三）网络课件开发

网络课件的质量不仅取决于制作课件的技术水平，还取决于教学内容的质量、学习内容的表现形式、学习方法的合理运用、学习策略的具体实施等因素。同时，开发网络课件需要运用教育学、心理学、计算机科学、美学等多方面的知识。因此，最好进行合作开发，以提高开发速度和开发质量。

（四）多媒体课件开发

目前，教育正在走向信息化、现代化。多媒体技术、网络技术已经为越来越多的学校所采用，成为教育教学的支撑技术。教育技术的现代化正在改变着教学手段、教学方法，势必带来教学内容、教学观念的更新，教育教学的改革势在必行。多媒体课件的开发对于教育教学改革起到了很大的推动作用。

多媒体课件是一种根据教学目标设置的表现特定教学内容和反映一定教学策略的计算机教学程序。它可以用来存贮、传递和处理教学信息，能让学生进行交互操作，并对学生的学习做出评价。

多媒体课件的开发与一般计算机应用软件的开发过程大致相同，都要运用软件工程的技术和方法。但由于多媒体课件是面向教学过程的，因此，多媒体课件的开发并不完全等同于一般计算机应用软件的开发，需要充分考虑多媒体课件的特点、教学的应用情况，并在现代教育思想和教育理论的指导下，遵照科学的流程，才能使开发的多媒体课件符合教学规律，取得良好的教学效果。另外，多媒体课件一般情况下是直接运行在因特网或内网上，所以必须考虑其在低带宽下运行的流畅性，常用的解决方法是采用"流方式传输"。

（五）精品课程建设

《教育部关于启动高等学校教学质量与教学改革工程精品课程建设工作的通知》发布之后，各省市教育行政主管部门响应上级号召，也相继下发了通知，提出了建设精品课程的规划和措施。各高校更应该迅速行动起来，启动本校的精品课程建设。

四、丰富信息化教学资源

信息与资源是教育信息化的关键，尽管我国教育网络的建设呈现出蓬勃发展的良好态势，但与发达国家相比，仍有很大差距，仍存在"信息孤岛"现象，必须进行全面统筹，建设全国统一的教育资源综合服务平台。

从构建真正意义上的网络教育体系的角度来看，还有很多亟待解决的问题，特别是网上教育资源建设问题。信息和教育资源建设是教育信息化的核心。教育信息化过程中的信息资源组织和有效传播可谓重点工程。发达国家十分重视信息资源建设和共享。例如，英国教育传播与技术署在2000年进行了相应的调查和研究工作，主要研究信息与通信技术资源在提高教学质量方面的作用，观察2110所学校的信息与通信技术在学校中的应用效果，调查结果显示：具备良好信息资源的学校77%的学生达到了要求的水平，从而显示出教育信息资源在教育信息化中的作用。

我国各种类型的教育网站数量众多且良莠不齐。现有各类以教育为名的门户网站达1600多个，但真正做得好的不多，急需加强管理。除了需对现有教育类门户网站进行必要的管理外，还应加强现有网络内的教育资源的整合。要设立专门的教育信息资源综合平台，对大学等教育单位现有的教育资源和国家各种工程、计划所形成的信息资源进行整理、分类、加工。在教育信息网络内，为不同教学、学习阶段的教师、学生和社会有需求人员提供权威的、可靠的教学信息及咨询服务。建立适合学生上网的内容安全、家长放心的绿色网络工程。同时要建立网络信息资源和技术安全的防护体系。

目前，我国的互联网业务主要集中在电信运营商手中，一般家庭进入互联网，大多通过运营商。互联网综合基础设施接入仍有瓶颈，定价服务行为也需要进一步规范，互联网普遍服务补偿的机制需要加快形成。

综上所述，经过多年发展，我国的教育信息化发展已经具备了一定的基础，进入了全方位、多层次推进的新阶段。当前，大力推进教育信息化发展，关键是要坚持站在国家战略高度，把教育信息化作为覆盖教育现代化建设全局的战略举措，正确处理教育信息化与工业化之间的关系，长远规划，持续推进。坚持从国情出发，因地制宜，把教育信息化作为解决教育现实紧迫问题和发展难题的重要手段，充分发挥信息技术在教育领域的作用。坚持把开发利用数字教育资源放到重要位置，加强统筹协调，促进互联互通和资源共享。坚持引进消化先进技术与增强自主创新能力相结合，优先发展信息产业，逐步增强教育信息化的自主装备能力。坚持推进教育信息化建设与促进经济更好发展并重，不断提高教育信息网络的安全保护水平，坚持优先抓好信息技术的普及教育，提高国民的信息技术应用技能。

建设信息化教育资源，"建"是为了"用"。在建设过程中要始终树立"用"的目标：适用性、符合实际、需求第一。这正是资源库存活的土壤。建设信息化教育资源库，要紧密结合课堂教学的基本规律，充分满足课堂教学的需求，立足现状，提供更加适用的基础教育资源；紧密结合课程教材改革的精神，并利用网络技术，满足和扩展以学生为主体的学习者的学习空间需求；紧密结合科学技术的发展，用最实用的技术和方式满足学生的需求。

开放基础性的技术规范，使众多不同的基础教育资源建设者提供的基础教育资源能够适应计算机和网络信息技术发展需求，适应"车同轨""共享和交互"的发展需求；建设机制的开放，特别是在"资源"的主体建设上要有开放的心态。在教育部门的指导下，充分发挥基础教育资源主体建设的骨干力量——专业软件厂商、教师和学生等各方面的积极性，共同参与并齐心合力建设一个原创资源丰富的国家基础教育资源库。

信息技术的发展特别是网络技术的飞速发展，使资源能够最大限度地被应用，但前提条件是资源数据的基本规范。有了规范的标准，才能够最大范围地实现资源共享，从而提升资源的价值。这对于幅员辽阔、人口众多的中国更具有深刻的意义，也为我国和世界各国交流、沟通提供了物质基础。各学校的教育教学方式多样，内容丰富，具有各自的特点，但各类教学在一定程度上也具有同一性。大多数学生属于成长过程中的未成年人，他们对客观世界的认知规律也有一定的同一特性。在把握同一性特点的基础上实现规范性，有利于资源内容多样性建设。

作为关系到教育事业的发展前景和方向的工程，基础教育资源库建设要站在一定的高度上和学科发展的前沿看待问题、解决问题，有相对长远的目光和规划，使国家基础教育资源库建设适应长远发展的需求。这是资源库的潜力所在。在资源的检索使用方式方面，也要有前瞻性的考虑。检索结果和方式应体现方便、实用和简练的特点，尽可能满足并适应大多数学校师生的需求，这样才能提升资源的使用价值。在资源内容建设方面，要不断更新观念，要充分体现新的课程教材改革中所推崇的现代教育思想、教育观念和改革思路，在资源建设上也要变"以教为主"为"以学为主"，变"以教师为主"为"以学生为主"。

事物的发展是动态的，教育资源库建设要能够深入挖掘已有的资源，还要能够持久地利用资源，更重要的是要能够不断地吸纳层出不穷的资源，这是教育资源库的生命力所在。一个不能够适应可持续发展的资源库将会迅速被淘汰。

建设基础教育资源库还应做到：加强网络教学资源库建设；引进国际优质数字化教学资源；开发网络学习课程；建立数字图书馆和虚拟实验室；建立开放灵活的教育资源公共服务平台，促进优质教育资源普及共享；创新网络教学模式，开展高质量高水平远程学历教育；继续推进远程教育，使各地区师生都能够享受优质教育资源。

强化信息技术应用也是建设基础教育资源库的重要工作。各级学校应提高教师应用信息技术的水平，使他们更新教学观念，改进教学方法，提高教学效果；应鼓励学生利用信息手段主动学习、自主学习，增强他们运用信息技术分析并解决问题的能力。

五、改善基础设施建设

信息化基础设施建设是信息化应用的基础，因此，我国应围绕不断发展的实际需要不断更新和改善基础设施，力争建设大范围的绿色、高效的信息化环境，满足信息时代的学习者随时随地学习的需求。校园信息化基础设施建设包括校内外的建筑物的无线覆盖，以及完善的校园学习生活服务等数字化平台。由于我国东部地区基础设施建设较为发达，所以东部地区的基础设施建设应转向设备的维护与升级，并逐步将重心转移到信息化应用上；而基础设施建设较为落后的中西部地区，应继续以建设高度发达的基础设施为目标，特别要加强薄弱学校的信息化基础设施建设，指导薄弱学校健全信息化政策、信息安全等保障制度，渐渐缩小我国因各地区发展不均衡而引起的数字鸿沟。

在党和国家领导人的关心、教育部直接领导和组织、各级教育行政部门大力支持、各级各类学校的广大师生和广大厂商的积极参与下，我国教育信息化的基础设施建设已经初具规模，特别是大学校园网等基础设施建设相对比较完备。各省级教育行政部门是本地区教育局域网络和校园网建设的归口管理部门，要具体制定本地区教育局域网的建设规划，为本地区校园网进入局域网的互联拟定统一的规范和标准。各地教育技术装备部门应在各地教育行政部门的领导下，按指导意见所确定的硬、软件工作范围，分别做好校园网络建设、教学软件开发、信息化教学研究推广及校园网应用的教育培训工作。同时积极规划本地区教育网络特色资源建设，建成后接入国家教育信息化主干网（CERNET）。

校园网在解决了通网络的问题后，网络教育资源库也不应重复建设。即便是重点学校也应该意识到名校并不是在每一个方面都优秀，一个学校的教育资源毕竟有限，一个学校对优秀教育资源的整合能力也具有很大的局限性。对各地来说，应针对本地区信息资源状况及学校具体情况，保证网络畅通。从省市和国家层面上，要优选课程课件，开发大量适合各层次需求的课程、节目或软件，放在电视台和大型教育资源网站上，使有需求者都能找到适合自己的学习内容，实现资源共享。对一些边远贫困地区，由于受人才、资源、信息及经费限制，应重点解决优质教育资源信息共享问题，缩小与东部地区的差异。各学校都要提高参与教育资源建设的积极性，而不是自己搞"小而全"。在课件软件的开发和资源库的建设工作中，要统筹规划，实现资源共享，避免重复浪费。

信息技术对教育发展具有革命性影响，必须予以高度重视。我们要把教育信息化纳入国家信息化发展整体战略，超前部署教育信息网络，着力建成覆盖城乡各级各类学校的数字化教育服务体系，促进教育内容、教学手段和方法现代化；要充分利用优质资源和先进技术，创新运行机制和管理模式，整合现有资源，构建先进、高效、实用的数字化教育基础设施；要加快终端设施普及，推进数字化校园建设，实现多种方式接入互联网；要重点加强农村地区学校的信息基础设施建设，缩小城乡数字化差距；要加快中国教育和科研计算机网、中国教育卫星宽带传输网升级换代；要制定教育信息化基本标准，促进信息系统互联互通。

六、完善经费保障机制

长期以来，我国教育信息化经费来源存在投资主体单一、投资总额不足等问题，这些问题一直制约着我国教育信息化的建设与发展。因此，我国政府应借鉴韩国的方法，设立教育信息化专项基金，鼓励企业和社会机构积极参与教育信息化投入与经营，形成多渠道、多元化教育信息化经费的投入格局；应强化教育信息化经费管理，建立教育信息化经费投入绩效评估机制。另外，我国经济发展不平衡导致教育发展不均衡，产生区域间、城乡间、校际的数字鸿沟。所以应针对区域特点将投入经费动态分配到各个省市，并且针对东、中、西部差距和城乡差距等问题，设立专项经费用于改善贫困地区、落后地区教育信息化的建设与发展。同时，对基础教育信息化经费投入绩效进行评估、监控，适当调整信息化经费投入力度与结构。

七、创新多元化教育技术

（一）建立协同学习网络教学平台

信息技术与因特网的飞速发展使远程教育成为现实。协同式教学方式使不同的学习者可以跨地域、跨学科和跨专业进行学习，所以它能吸引世界各地的学生和教师积极参与其中。这种以因特网为教育信息和课程承载、处理、传输平台的教学方式就是我们目前所说的网络教学，而其具体的实现方式则是协同式教学方式，是一种多个不同地域的教学资源及师资的合理化运用方式。

协同学习是指学习者在与他人相互作用的过程中所进行的学习。利用基于Web网络过程的协同学习环境，可以让多名学生不受地域的限制，好像坐在一起进行某种问题的讨论和事先确定内容的有效学习。协同式学习环境是基于计算机辅助协同工作（Computer Supported Cooperative Work，CSCW）技术实现的，即一个群体中的多个成员同时使用分布式网络系统中的多台计算机协同工作，共同完成某项任务。这一思想体现了信息时代人们工作方式的群体性、交互性、分布性和协同性的客观要求。

（二）建设混合学习平台

混合学习平台的建设是近年来在e-Learning研究领域和企业发展研究中一个重要的新热点问题。"混合学习"是把传统学习方式的优势和数字化学习的优势结合起来，既要发挥教师引导、启发、监控教学过程的主导作用，又重视了学生利用网络学习的自主性、积极性、主动性和创造性。通过二者的有机结合，实现高校远程开放教育"教与学"的最佳效果。

混合学习的关键是产生协同效应，不是胡乱混合，或者强拉硬配，而是强调现代信息化教学手段与传统教学手段的有机结合，各种教学媒体、学习方式的协调应用。混合学习重点强调把人、设备、环境和各种学习资源进行优化组合、系统设计，要能产生$1+1>2$的协同效应，并强调构建以最低的投入获得最高效率的学习方式。

传统的教育强调以教师为中心，e-Learning的本质是以"学习者为中心"。但是混合学习不是两种教育的简单相加，而是在系统思想指导下，根据特定的教育思想和学科教学理论，因人因地制宜的一系列学习设计方案。因此说，混合学习设计也是一个学习系统工程，是采用系统科学的思想，把传统学习与e-Learning有机结合，对"教与学"过程中的诸要素进行系统设计，制定出一系列规范的教的程序、学的程序以及学习者相应的学习策略的体系。

（三）建立网络直播教学平台

网络直播教学平台作为学校远程教育最常用、最基本的授课手段，应该通过精心的设计才能为学习者提供最佳教学条件、最及时的教学指导，取得最有效的教学成果，发挥网络的功能。

网络直播教学平台目前通常采用以下形式：实时单向直播；实时双向直播；利用制作好的课件进行非实时单向直播；虚拟课堂和现实课堂相结合，远程传播到各教学点；直播单位课后将以上各类直播课堂的场景变成流媒体（三分屏）放入服务器，供学生点播或下载。针对不同的课程以及内容、授课对象、授课的目的，可选择不同的直播教学形式。

教学设计可考虑四个方面的内容：教学需求分析、确定教学目标、制定教学策略、进行教学评价。教学需求分析是教学设计的基础。教学目标是根据社会对人才的需求、学生的特征及具体教学的学科内容来确定的。教学需求分析必须从对学习需要、学习内容和学生进行的分析入手，搞清楚学生目前的学习水平与社会需要之间的差距。

网络直播教学平台中涉及的课程设计不同于常规的面授课课程设计，除了具备面授课课程设计的要求外，还必须满足远程教育的特征，创造师生处于准分离状态下的必要交流环境，因而网络直播教学课程设计必须兼顾教师有限的课堂教学时间和学生充分的自主学习两方面的需要。

八、建立科学的评估体系

为了准确了解每个阶段教育信息化发展战略的实施效果，动态监测基础教育信息化发展动态，我国应建立科学、有效的基础教育信息化质量指标评估体系，利用教育信息化公共管理平台动态监测学校信息化建设及应用情况，通过统计数据实时观察和探究基础教育信息化发展状况及趋势，及时发现问题，解决问题。

教育行政部门在制定教育信息化发展战略时，首先应考虑大的环境，如世界教育信息化的发展趋势，其次应充分考虑本国社会、经济以及技术环境的变化因素，同时对上一战略的实施进行评价，并将反馈结果发布到类似于白皮书或年度报告等官方文件上。总之，教育信息化发展战略的研制必须综合考虑各种影响因素，进行适时的调整；必须统一规划与协调管理，让不同区域、不同类型的学校根据自己的实际情况因地制宜地制定发展战略，对学校的信息化建设进行顶层设计，同时借鉴信息化水平发达地区的经验。

参 考 文 献

［1］ 徐福荫，王志军. 教育信息化与教育技术人才培养模式创新[M]. 北京：北京交通大学出版社，2012.

［2］ 解继丽，邓小华，王清泉，等.教育信息化促进教学改革的保障体系研究[M].昆明：云南大学出版社，2015.

［3］ 罗桂琼.云计算环境下教育信息化资源共建共享研究[M].长春：吉林人民出版社，2017.

［4］ 田春艳，何春钢.现代教育信息化理论的整合与创新研究[M].西安：西安交通大学出版社，2018.

［5］ 殷旭彪.当代教育信息化理论与实践研究[M].北京：中国书籍出版社，2017.

［6］ 黄贤明，梁爱南，张汉君.“互联网+”背景下高等教育信息化的改革与创新研究[M].长春：东北师范大学出版社，2018.

［7］ 范福兰.我国教育信息化实证测评与发展战略研究[M].武汉：华中师范大学出版社，2018.

［8］ 周平红.我国高等教育信息化水平测评与发展预测研究[M].武汉：华中师范大学出版社，2018.

［9］ 樊旭，梁品超.高等教育信息化建设与人才培养模式研究[M].长春：吉林人民出版社，2018.

［10］ 杨萍，王运武，李璐.“一带一路”沿线国家教育信息化发展研究[M].南京：河海大学出版社，2019.

［11］ 张会丽.教育信息化2.0时代的智慧教学新探索[M].长春：吉林科学技术出版社，2020.

［12］ 刘凤娟.区域基础教育信息化推进路径研究：以教育信息化2.0为背景[M].成都：西南交通大学出版社，2020.

［13］王春艳，张秀萍，张启全.以智慧教育为导向的区域教育信息化研究［M].沈阳：东北大学出版社，2020.

［14］谢海英.大数据背景下高校信息化教育模式探析[J].信息与电脑（理论版），2020，32（23）：250-251.

［15］庄榕霞，杨俊锋，黄荣怀.5G时代教育面临的新机遇新挑战[J].中国电化教育，2020（12）：1-8.

［16］陈耀华.提升教师信息化教学力的中国路径及优化发展[J].中国电化教育，2020（12）：99-104.

［17］杨睿，桑贤来.服务于智慧教育的大数据平台建设[J].科学咨询（教育科研），2020（12）：120-121.

［18］朱毅，何柏儒.教育信息化背景下面向智慧教育的教育管理模式研究[J].电子元器件与信息技术，2020，4（10）：137-138.

［19］余高."大数据+人工智能"：高校教育信息化的必经路径[J].中国高等教育，2020（19）：59-61.

［20］柳妍."互联网+"背景下高等教育信息化建设研究[J].智能城市，2020，6（22）：71-72.

［21］姜如荣.智慧学习背景下高职教师信息化素养提升路径与策略探究[J].现代农村科技，2020（11）：99-100.

［22］杨路宏.基于翻转课堂模式下的高校教育信息化探析[J].文学教育（下），2020（11）：78-79.

［23］孙青华，尹凤祥.现代信息化教学平台的比较研究[J].深圳大学学报（理工版），2020，37（S1）：169-174.